产后康复系列

母乳喂养和指导

MURU
WEIYANG HE ZHIDAO

陈　辰◎编著

中国工人出版社

图书在版编目（CIP）数据

母乳喂养和指导 / 陈辰编著. -- 北京：中国工人出版社, 2025. 6. -- (产后康复系列). -- ISBN 978-7-5008-8662-4

Ⅰ. R174

中国国家版本馆CIP数据核字第20257LN756号

产后康复系列：母乳喂养和指导

出 版 人	董 宽
责任编辑	丁洋洋
责任校对	张 彦
责任印制	黄 丽
出版发行	中国工人出版社
地 址	北京市东城区鼓楼外大街45号 邮编：100120
网 址	http://www.wp-china.com
电 话	（010）62005043（总编室） （010）62005039（印制管理中心） （010）62379038（社科文艺分社）
发行热线	（010）82029051 62383056
经 销	各地书店
印 刷	三河市万龙印装有限公司
开 本	880毫米×1230毫米 1/32
印 张	6.125
字 数	124千字
版 次	2025年9月第1版 2025年9月第1次印刷
定 价	38.00元

本书如有破损、缺页、装订错误，请与本社印制管理中心联系更换

目录

Part 5 背 奶 151

附件一 155

Part 1

乳房和母乳的基本知识

不会多，部分新妈妈的胸大是脂肪存在过多，而乳腺组织不多，大胸乳汁也会少得多。

图示为乳腺胸和脂肪胸的区别。

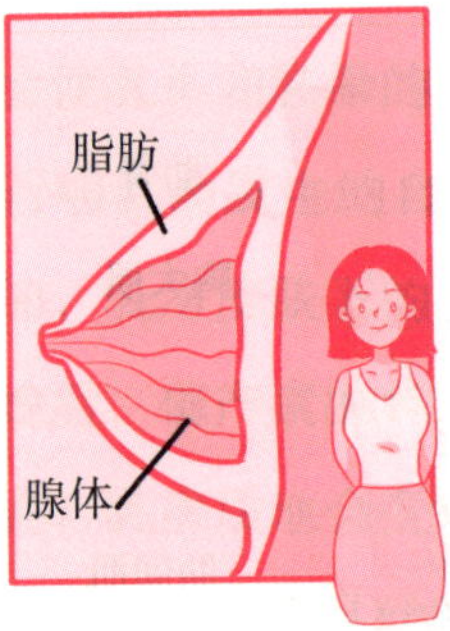

乳腺型

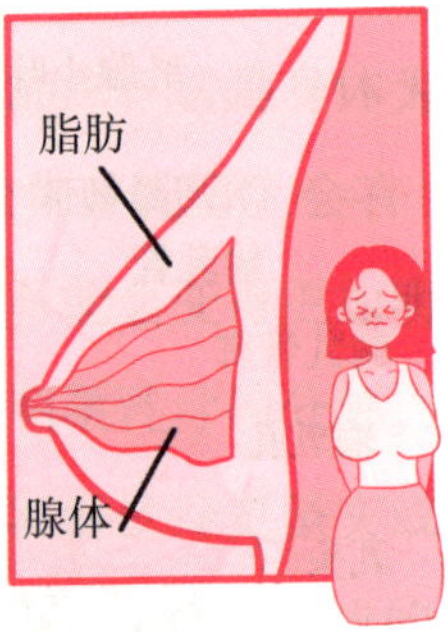

脂肪型

3. 哺乳会使胸部变形下垂吗？如何预防胸部下垂

哺乳期很多女性都有胸部下垂变形的担心。讲清楚原理，大家就会明白怎样解决和预防了。

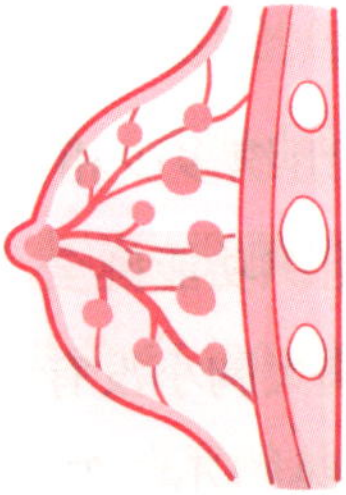

生娃前

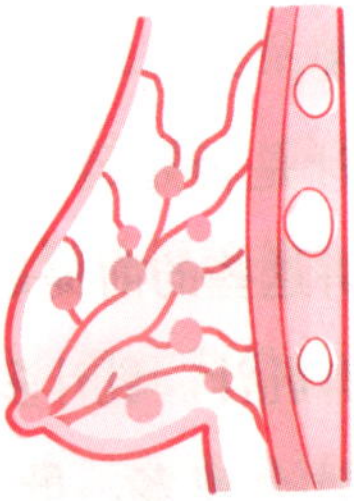

生娃后

孕前女性乳房大约是200g，怀孕后会增大到400~600g，是孕前的两到三倍。哺乳期因为奶水的充盈，乳房会更重，因此孕期和哺乳期一定要佩戴具有衬托功能的文胸，同时也要尽量避免胀奶。如果护理不当，在整个孕期和哺乳期，乳房下垂几厘米甚至十几厘米都是很常见的。乳房悬韧带是在胸肌筋膜和乳腺皮肤之间起到固定和衬托乳腺的作用，它决定胸部的挺拔程度。乳房悬韧带一旦被拉长，就不可逆转。

如何减少胸部的下垂，下面给出两种具体的办法：一是哺乳期佩戴合适的内衣，不仅美观还能促进泌乳。二是回奶循序渐进，回奶过快乳房不仅会塌陷还会下垂。

4. 乳房里的奶是从哪里来的

乳房里的奶是婴儿通过吸吮乳头，给新妈妈大脑发出信号，刺激脑垂体分泌激素，产出泌乳素和催产素协同作用，从而产出乳汁。泌乳素和催产素的关系就好比前者负责生产，后者负责运输，共同参与哺乳过程，缺一不可。

（1）泌乳素

泌乳素由垂体前叶分泌，对启动和维持泌乳至关重要。孕期泌乳素水平有所上升，促进乳腺导管、乳腺腺泡和乳腺小叶的分化和成熟，但其水平不足以让女性的乳腺细胞分泌大量的乳汁。泌乳素会在产后大量地产生。泌乳素是呈脉冲式分泌的，一天

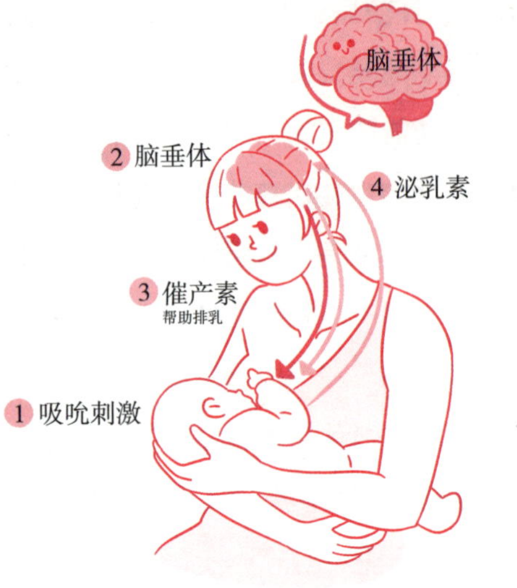

之中变化很大，有昼夜的规律性，夜间泌乳素相对较高。泌乳素也叫催乳素，属于脑垂体前叶激素，哺乳期的乳腺在泌乳素的作用下分泌乳汁，储存于乳腺腺泡之中。在婴儿吸吮乳头的持续刺激下，泌乳素会在一段时间内维持较高的水平。产后第 9 天，泌乳素开始下降，由乳房体主导乳汁分泌，乳汁移出越多，产出就越多。因此，想要乳汁更多，在产后的第一周通过正确的哺乳来激活更多的腺体是很有帮助的，怎样激活在之后的章节会详细讲解。新妈妈想要乳汁多，后半夜要亲喂；想要推迟更年期，后半夜要泌乳。

（2）催产素

催产素又称缩宫素，在泌乳中也扮演着重要的角色。催产素被趣称为“双向的爱”。婴儿吸吮乳房会刺激新妈妈分泌催产素，催产素属于脑垂体后叶激素，可使乳腺腺泡周围的肌上皮样细胞收缩，促使乳腺排乳，也叫喷乳反射。催产素也是“爱的激素”，会通过肌肤接触、婴儿的哭声、观看婴儿视频、闻婴儿的味道激发而增加泌乳量。婴儿在吸吮的同时，新妈妈身体会分泌催产素，刺激子宫收缩，有助于加速子宫复旧。因此，母乳喂养还可以促进子宫复旧。

二、乳汁与哺乳

5. 乳汁的分泌分三个阶段，哪个阶段最重要呢

乳汁不是婴儿一出生才产生的。实际上，乳汁在孕中期就已经产生了。孕妇在孕期会发现乳头上有结晶物，那就是初期的乳汁。乳汁生成分三个阶段：

第一阶段，一般是孕 16 周至 22 周开始，到产后的第 2 天，我们称为泌乳一期。此时，泌乳素已经开始刺激乳腺细胞，在孕中后期，有一些孕妇会分泌初乳，乳头上有分泌物。初乳是怀孕中后期到产后 2~5 天的乳汁，对应的是泌乳一期，初乳颜色由透明转向金黄，质地黏稠。初乳中的钠、钾、氯、蛋白质等比例较成熟乳高，例如维生素 A 可达成熟乳的 5 倍，所以我们说初乳可以为新生儿提供更好的免疫和保护作用。

第二阶段，产后的第 3~8 天，叫泌乳二期，泌乳二期到来俗称下奶。胎盘娩出母体，孕酮开始下降，孕酮对于泌乳素的抑制开始解除，乳腺细胞开始大规模合成乳汁，这个阶段是新妈妈建立泌乳量的阶段，这个阶段非常重要。婴儿吸吮得好不好，决定能否激活更多的乳腺细胞，决定了新妈妈在未来能够产生乳汁的

上限有多高。过渡乳的免疫球蛋白浓度下降，乳糖、脂肪、水溶性维生素增加。此时乳房进入全能力产乳期，乳汁产量相比初乳大幅度增加。

第三阶段，从产后第 9 天到回奶，叫泌乳三期，这个阶段是泌乳的建立和维持期，泌乳素分泌开始下降，乳汁的生成转换为腺体自我控制。泌乳素只需要在一定的水平够用就可以了，并不是核心决定因素，不是说泌乳素越高，奶量就越好。奶量的多少主要取决于供需调节，也就是说，乳汁移出越多，奶量就越多。成熟乳是指产后半个月后的乳汁，这个时期乳汁的产量由乳汁的移出量决定，最通俗的一句话：奶是越吃越有，越攒越少。成熟乳的成分处于相对稳定的状态，但也会根据婴儿的成长发生相应的变化。

在这三个阶段中，泌乳二期非常关键，关系到母乳喂养的成败。母乳喂养指导也是在产后泌乳的第二阶段最重要，这个阶段做好了，乳汁会分泌充分，甚至还会避免之后堵奶、乳腺炎的发生。

6. 母乳有什么特点

母乳里面的成分目前被发现的有四百多种，还有很多成分没有被发现。配方奶的成分只有四十种，配方奶的宣传语强调说“配方奶接近母乳”，配方奶是以母乳的成分为标准来添加的。母乳的营养成分（蛋白质、脂肪、乳糖）细划分为：母乳中水占88%，母乳中的实体物质占12%，分别为蛋白质、非蛋白氮成分、脂肪、低聚糖、维生素、矿物质、激素、酶类、生长因子和其他保护成分。

水分是母乳中最重要的成分。母乳可以提供婴儿的一切所需。6个月以内婴儿通过纯母乳喂养，通常不需要额外喝水，额外喝水会占据婴儿的胃容量，影响乳汁摄入量。不管是婴儿有黄疸、天气炎热还是上火，多吃母乳能够解决大部分的问题。纯母乳喂养不用担心过度喂养。配方奶喂养的婴儿在没有添加辅食的时候，同样也不需要额外喂水，因为配方奶也是用水调和的。但是如遇特殊情况必须喂水时，可以在两餐奶之间加一次水，水是奶量的一半，一天一次就可以。通常情况下，婴儿6个月以内不必喂水。

糖类是第二大成分，约占7%，有很多种类，包括乳糖、单糖、低聚糖、糖蛋白，等等。乳糖是母乳中最重要的糖类，提供婴儿所需热量的35%~50%，促进钙铁镁的吸收，促进脑部发育。婴儿消化吸收乳糖主要靠乳糖酶，小肠绒毛分泌乳糖酶。母乳中含有200多种低聚糖，作为益生元促进肠道益生菌（双歧杆菌）增殖，增加肠道屏障和免疫力。婴儿肠道受损以后，继发性乳糖不耐受比较常见，常常出现腹泻等症状，在体重增长不受影响的状态下，一般并不需要停止母乳或者添加乳糖酶。但在特殊情况下，医生会给出更妥善的建议。

母乳中的脂肪占3%~5%，提供婴儿所需热量的50%。主要成分是甘油三酯，还自带脂肪酶，婴儿非常容易吸收。脂肪酶是婴儿先天具备的。满月后的婴儿若出现几天未排便，只要婴儿没有表现出不舒服的症状，那么就是正常的，说明母乳被充分吸收了。母乳脂肪中还含有丰富的 DHA 等常量不饱和脂肪酸，有助于脑部神经系统和视网膜的发育。

蛋白质占成熟乳的 0.8%~1%，含量不高，但在免疫方面起到非常大的作用。母乳中的蛋白质主要分为两大类，乳清蛋白和酪蛋白。乳清蛋白是一种优质蛋白，很容易被消化，生物利用率很高。乳清蛋白又包括阿尔法乳蛋白、乳铁蛋白、免疫球蛋白等等。阿尔法蛋白帮助乳糖合成，帮助矿物质吸收，代谢产物可以抗菌、抗肿瘤。乳铁蛋白能够运输和促进铁吸收，抗病毒、抗肿瘤，抑制念珠菌、大肠杆菌。免疫球蛋白不会被水解，附着在肠道黏膜，防止病毒入侵。母乳中的酪蛋白有丰富的氨基酸，这些氨基酸对婴儿来讲非常重要。母乳中的酪蛋白跟牛乳中的酪蛋白氨基酸排序不一样。母乳中乳清蛋白和酪蛋白的比例在不同的时期会不一样。在婴儿消化能力比较弱的时候，乳清蛋白在初乳中的含量是非常高的。乳清蛋白与酪蛋白比例：母乳中约为 70∶30，牛乳为 20∶80。乳清蛋白更容易消化。这就是母乳更好消化吸收的原因。

母乳的矿物质离子种类多，虽然浓度较其他动物的乳汁要低，但是吸收率非常高。

铁元素对维持红细胞代谢、辅助骨髓造血非常重要。母乳中高水平的乳糖和维生素 C 有利于铁元素的吸收，母乳中的铁元素吸收率为49%，是牛奶的5倍。婴儿出生的时候自带母体铁元素，6个月以内，母乳里面含的铁元素和婴儿自带的母体铁元素足够婴儿生长发育。6个月以后，婴儿储存的铁元素消耗殆尽。但不宜多补铁元素，如果铁元素在人体内没有被消化吸收，容易滋生细菌。

钙是骨骼和牙齿的主要成分，正常哺乳时，婴儿能够吸收母乳中67%的钙，而牛奶中的钙吸收率为25%。所以正常哺乳，无须额外补钙。

锌元素，母乳里面的锌元素吸收率达45%以上，缺锌会引起婴儿生长迟缓，皮肤和视力也会出现问题。母乳里的锌比配方奶要高很多。

维生素包括脂溶性维生素和水溶性维生素。维生素A与视力密切相关，预防夜盲和抗癌，母乳里非常充足，无须额外补充。维生素D在促进钙的吸收方面起到非常重要的作用，胎儿期积存量能够维持两个月左右。母乳喂养的婴儿出生几天后就可以补充维生素D，一岁以内的婴儿添加400U/d，一岁以上的婴儿添加600U/d。配方奶也含有维生素D，1000mL配方奶含有维生素D 400IU。配方奶喂养的婴儿或者混合喂养的婴儿，可以根据配方奶粉的摄入量来判断婴儿每天摄入了多少维生素D，看是否需要额外补充维生素D。晒太阳也可以促进维生素D的合成，婴儿可以适当地晒一晒太阳。维生素K不容易通过胎盘传输，母乳中含量也不高，由肠道菌群制造，新生儿肠道菌群尚未建立，遵医嘱新生儿出生时注射或者口服维生素K。新妈妈也可以多吃甘蓝、卷心菜、莴笋来帮助新生儿获得更多的维生素 K。水溶性维生素 C、B_1、B_2、B_3、B_6、B_{12}，叶酸，母乳中的含量足够，没有特殊情况，无须额外补充。

母乳中生物酶的种类也非常多，耐强酸，在肠道里保持活性，其中溶菌酶是人体先天免疫系统的重要组成部分。

荷尔蒙是母乳里面特有的，配方奶里面没有，婴儿吃下以后仍然具有活性，比如泌乳素和催产素叫作爱的荷尔蒙，让新妈妈和婴儿感觉幸福而又宁静。

了解以上关于母乳的基本知识，可以帮助新妈妈判断是否需要购买跟喂养相关的产品。如，市面上很火的 DHA，乳糖酶，乳铁蛋白，还有钙、铁、锌，维生素 A、D 等需要添加吗？怎么添加？等等，新妈妈可以更加科学合理地进行喂养。

7. 新妈妈的乳汁都是一样的吗

在母婴群里，妈妈经常会问道：我的乳汁怎么是灰色的？我婴儿是早产儿，我是不是要给婴儿买早产儿奶粉呢？我为了休息好，是否需要白天把奶挤出来，储存在冰箱里，晚上让月嫂喂呢？

事实上每位新妈妈的乳汁都是为自己婴儿“私人定制”的。

新妈妈分泌的乳汁是“智能”的，会根据婴儿的实际情况进行分泌。如，生出早产儿的新妈妈分泌出来的乳汁跟生出足月儿的新妈妈的乳汁是不同的，早产儿对乳汁中含有的蛋白质、脂肪、低聚糖、矿物质总量要求更高，这些会给早产儿提供更多的能量和保护，帮助早产儿尽快追上体重，预防各种疾病。所以这类乳汁可以说比某些药还要珍贵。

生出足月儿的新妈妈和生出早产儿的新妈妈分泌的乳汁成分有差别，同一位新妈妈不同时段的乳汁成分也有差别。每一位新妈妈的乳汁都是最适合自己婴儿体质的。

乳汁的昼夜规律。夜间产的乳汁含更高褪黑素，帮助婴儿建立昼夜规律；白天产的乳汁皮质醇水平较高，促进婴儿的警觉性。

很多哺乳的新妈妈会大量储存自己的乳汁，这里不推荐大量储存。一是若储存不当，冷冻奶会有变化。冷冻奶随着时间的推移，解冻后腥味会越来越大。二是尽可能实现亲自喂养，母乳会随着婴儿的需求一直变化，并且是动态地变化。如，婴儿 1 岁以后，活动范围增加，接触到的东西更多，依然需要母乳的保护。母乳的成分也在调整，脂肪和蛋白质、血清素、溶菌酶都在相应地增加。

8. 乳汁真的分为“前奶”和“后奶”吗

很多教科书上都明确写到乳汁是分为“前奶”和“后奶”的。“前奶”是供婴儿解渴的，“后奶”是管婴儿吃饱的。其实泌乳机制不会先分泌“前奶”，后分泌“后奶”。同一次移出或吸吮乳汁，是移出或吸吮的时机不同，乳汁的成分不同，我们把婴儿先吃到的叫“前奶”。“前奶”比较轻，水分、乳糖和矿物质比较多，脂肪含量不高。“后奶”是后喝到的。“后奶”颜色较白，浓稠，脂肪含量多，提供热量，促进体重的增加，让婴儿有饱腹感，所以说“前奶”解渴，“后奶”管饱。“前奶”和“后奶”并不是说一次奶阵产生了前后两种不同的乳汁，只是婴儿吃奶的时候，由于脂肪比较重，更容易附着在乳腺管壁上面，婴儿先吃到了比较轻的水分和乳糖。

9. 新妈妈乳汁多，婴儿都吃不完，但婴儿为什么增重不好呢？是乳汁营养不够吗，需要换配方奶吗

有些新妈妈虽然乳汁多，但是婴儿增重不好，主要是因为婴儿没有吃到完整的一侧乳汁，“前奶”和“后奶”摄入不均匀，吃到的乳糖比较多，脂肪少，乳糖主要是在小肠里面被消化掉，需要乳糖酶的参与。“前奶”摄入过多，婴儿还容易胀气、放屁崩屎，拉肚子。因为婴儿增重不好，所以有些新妈妈会想到把乳汁挤掉一些，让婴儿多吃“后奶”。泌乳公式是这次的移出量等于下次的泌乳量，额外移出乳汁，会陷入恶性循环。正确的做法是每次喂单侧，适当地憋奶，减少奶量，慢慢地达到前后奶的平衡。

10. 初乳珍贵的原因是什么

初乳珍贵的原因主要有以下几点：

（1）初乳能降低今后在喂养过程中造成过敏的风险。初乳就如同产后第一剂疫苗，是新生儿的免疫护盾。初乳富含高浓度抗体（尤其是 sIgA）和免疫细胞，能在新生儿肠道形成保护膜，直接中和病原体，显著降低感染风险。

（2）初乳可以为婴儿奠定健康的基础。初乳中含大量生长因子（如 EGF、IGF），加速肠道、肝脏、大脑等关键器官的成熟，促进肠道绒毛生长，奠定健康基础。

（3）初乳对于新生儿来讲，“吸收好、排得快”。初乳高蛋白（易消化的乳清蛋白）、低脂低糖的构成适合新生儿的消化能力，并含天然轻泻成分，助排胎便，预防黄疸。

（4）初乳时效短。仅产后 7 天内分泌的乳汁叫初乳，量少质精，成分随母乳成熟快速变化，短暂窗口期赋予其“液态黄金”的价值。

三、饮食与哺乳

11. 母乳喂养期间，新妈妈每天需要大量进食高热量食物吗

其实很多新妈妈都想知道是不是有哺乳期不胖的饮食方法。我们要明白，哺乳期需要消耗的热量是多少，不过多进食。进食量等于消耗量就是完美的方法，不必进食高热量的饮食。

在哺乳期间，新妈妈平均每天额外需要增加 400~500kcal 的热量，以保证为婴儿提供足够的乳汁，这些热量换算成食物相当于：

加餐方案 1：全麦面包 1 片（100kcal）+ 水煮蛋 1 个（70kcal）+ 牛奶 200mL（120kcal）= 290kcal。

加餐方案 2：混合坚果 30g（180kcal）+ 苹果 1 个（80kcal）= 260kcal。

加餐方案 3：红薯 150g（120kcal）+ 鸡胸肉 50g（80kcal）+ 西蓝花 10g（30kcal）= 230kcal。

有些新妈妈会担心自己的体重问题，其实每天多摄入的 400~500kcal 热量，会转化成乳汁哺育婴儿，这些热量是不会长到个人身上的。

新妈妈需要注意以下几点：

（1）避免“空热量”食物：如奶茶、蛋糕、薯片等，热量高但是营养低，可能影响乳汁质量；

（2）分次补充：300~500kcal 可分 2 次加餐（如上午、下午各一次）更容易消化吸收。

（3）个体差异：若活动量较大或者乳汁分泌旺盛，可适当增加热量；体重增长明显时需要调整。

12. 婴儿真的不需要额外喝水吗

总有新妈妈担心婴儿口渴，看到婴儿嘴巴干燥，就会焦虑，世界卫生组织（WHO）强调 0~6 个月纯母乳喂养无须添加水或其他液体；美国儿科学会（AAP）指出配方奶喂养婴儿在正常情况下也无须额外补水，直至添加辅食阶段。婴儿的胃容量到了满月大也就是鸡蛋大小，这时候再额外喝水，占了胃容量，吃母乳相应就少了。6 个月以上婴儿，或者添加辅食以后，可以少量饮水，饮水量是每日不超过 30~60mL。尤其在进食比较干的食物后，帮助清洁口腔，并且补充水分。但母乳或配方奶仍是主要液体。

特殊情况。（1）高温或者干燥环境，优先增加哺乳喂奶频率；（2）发烧、腹泻或者呕吐，遵医嘱口服补液盐，而非单纯喂水；（3）尿液异常颜色深黄，或者尿量明显减少，尿布干燥，可能提示脱水需要及时就医。

常见误区。“喝水防上火”，婴儿无须通过喝水“去火”，母乳或者配方奶已足够；“稀释配方奶”，错误稀释，会导致营养不良，过浓则加重肾脏负担，严格按说明调配。

Part 2

喂养知识

母乳喂养一定是在新妈妈心甘情愿并且感觉到快乐幸福的情境下发生的。我们倡导母乳喂养，但是母乳喂养，一定母在前乳在后，一切以新妈妈的意愿为前提。

一、母乳喂养对新妈妈与婴儿的好处

13. 母乳喂养对新妈妈有什么好处吗

母乳喂养对于新妈妈来讲是一项健康投资，从短期恢复（子宫复旧、减少出血）到长期疾病预防（多种癌症、代谢性疾病、心血管疾病），再到心理情感联结和实际便利性，都是有好处的。

（1）促进子宫复旧。产后尽快地让婴儿吸吮乳头刺激大脑分泌催产素，催产素可以促进子宫收缩，预防产后出血。

（2）有助于产后减肥。婴儿就是新妈妈的“吸脂机”，只要用对方法，哺乳期减肥是非常简单又高效的。当然有些新妈妈奶量没有上来，自己还长了一身肉，就要排除下哺乳的方法和方式是不是有问题。其实道理很简单，母乳喂养一天消耗 500kcal 的热量，相当于跑步 1.5 公里。而未哺乳，或者采用混合喂养的新妈妈需要靠额外的运动来消耗体内积存的脂肪，并且有效运动必须每周至少 3 次，每次 30 分钟以上，运动后心跳 130 次以上，才有减重的效果。所以，母乳喂养确实可以燃烧卡路里，但要每天摄取的热量小于消耗的量才能达到瘦身的效果。

（3）母乳喂养的其他好处。每位新妈妈的感受会不一样。例如，有些新妈妈觉得居家、出行都会很方便，把婴儿抱过来就可以直接吃，不用冲奶粉，不用刷奶瓶；带婴儿出去玩的时候可以少带很多东西；新妈妈给婴儿哺乳，全心全意地为婴儿付出，看着婴儿满足的样子，会体验到强烈的幸福感。

14. 产后母乳喂养真的可以瘦身吗

产后母乳喂养瘦身是一定的，但哺乳期的瘦身是有讲究的。在孕期体重不宜增重过多，控制在 10~12kg 是理想的状态。因为产后好减重。

孕期和产后早期，女性的身体会发生较大的生理变化。按照 IOM 指南，孕期增重过多的新妈妈没有孕期增重适宜的新妈妈恢复得好。母乳喂养新妈妈相比配方奶喂养的新妈妈，即使不进行热量限制和运动锻炼，6 个月内的体重下降速度也比较快。产后无意识的体重下降也与文化习俗有关。美国的女性在产后 3、5、9 个月的体重减轻程度大于欧洲、亚洲、南美和中美的女性。

在孕期也不宜增重过少。孕期体重增重应不少于 3kg，以便更好地泌乳、哺乳。

很多女性在母乳喂养期间会不经意地减掉一些体重，但仍希望在维持母乳喂养的同时，更快地减掉体重，回归到产前的状态。但是新妈妈要了解到，在孕期增加 3~4kg 的脂肪储存是必须的，目的是确保机体有足够的能量储备用以泌乳。这些脂肪是为了确保在食物缺乏的情况下，机体还能够提供能量的储备和运转。

母乳喂养减重减掉的多是脂肪。人为减重减掉的是脂肪和肌肉。

减体重通常被认为是减掉储存的脂肪，但肌肉减重和母乳喂养行为也有一定关系。母乳喂养的新妈妈产后减重从肌肉减重和脂肪减重方面看是相似的。但与母乳喂养不太频繁或持续时间较短的新妈妈相比，喂养频繁且持续时间达 9 个月或更长的新妈妈，在减重的同时能够保持肌肉的重量，甚至肌肉重量有所增加。我们要知道肌肉的增加是可以增加基础代谢的。

脂肪含量过高并不比脂肪含量相对低的新妈妈泌乳量大。

一般采用母乳喂养的新妈妈每天需要额外增加 400~500kcal 的热量，以满足能量需求。每天的热量需求取决于新妈妈的活动水平、BMI、机体脂肪所占比例。体脂率低于 20% 者的泌乳量并不少于体脂率更高者。

哺乳期的中度运动有助于新妈妈瘦身和增加奶量（泌乳）。

运动对于孕期和哺乳期的女性来说，都是健康生活方式的重要组成部分。运动有助于精神健康，减轻压力，改善骨密度，利于体重管理。哺乳期坚持轻到中等强度运动，如走路、慢跑、游泳、瑜伽等，并不会引起乳汁中的乳酸增加。

新妈妈在哺乳期可以积极尝试通过饮食改变和运动减轻体重。每周减重 1kg 对泌乳没有不良影响，但不推荐哺乳期每周减重超过 1kg。纯母乳喂养至少 6 个月，可以使新妈妈减重更多。与非母乳喂养的新妈妈相比，母乳喂养者总体减重速度更快，恢复孕前体重的速度也更快。运动对泌乳没有不良的影响，甚至有时会促进泌乳，因为运动会提高体内泌乳素的浓度。特别推荐产后的背部运动，背部运动不仅能够缓解产后的腰背疼痛，还能够增加奶量。因为女性的后背上部是乳腺的反射区，这一部分做到充分地舒展和运动会使奶量大增，当然也包括被动的按摩，能够产生同样的效果。

15. 为什么初乳被称为“人生的第一次疫苗”？如何收集初乳

初乳被称为“人生的第一次疫苗”主要是因为：

（1）富含抗体（sIgA）。初乳含有大量免疫球蛋白，尤其是分泌型 IgA，能直接在婴儿肠道形成保护膜，抵御细菌、病毒入侵。

（2）提供免疫细胞。含有白细胞（如巨噬细胞、淋巴细胞），帮助婴儿识别并抵抗病原体。

（3）含抗菌因子。如乳铁蛋白、溶菌酶等，直接抑制或杀灭有害微生物。

（4）建立早期防御。在新生儿自身免疫系统尚未发育完善时，提供关键、及时的被动免疫保护。

初乳如同疫苗提供防护一样，是新生儿获得最早、最天然高效的免疫保护屏障。

初乳收集多选用注射器，为什么呢？因为实际操作中吸奶器几乎吸不出多少乳汁，即使吸出来了，挤到储奶袋子里后也都沾到袋子上了。注射器抽吸到的初乳不用放奶瓶里，套上盖子直接放冰箱保存。

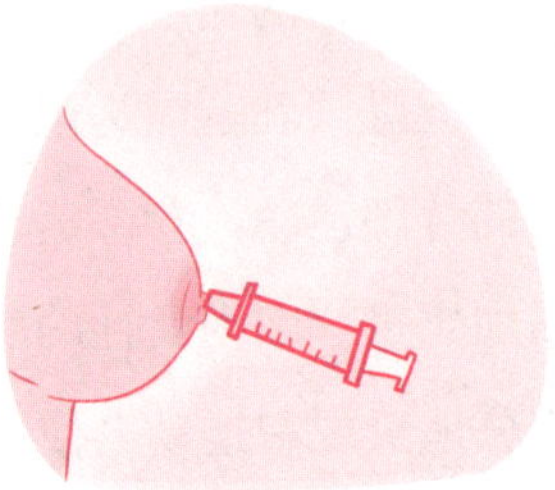

婴儿吃的时候，用注射器的乳头滴喂就可以，即使是不会吃奶的早产儿也同样适用。

备注：如何进行手排奶，收集初乳，详见附件二。

二、正确哺乳方法

16. 常见的哺乳姿势有哪些

（1）摇篮式

摇篮式是最常见的哺乳姿势，从适合场景上来讲，只要新妈妈觉得这个姿势舒服就可以用。新妈妈产后可以靠坐时就可以用这个姿势，乳房靠下侧有淤积、包块时可以用这个姿势，方便婴儿下巴对准乳房内的包块也就是淤积处，婴儿下巴一上一下地吸吮就是对包块的按摩。吸吮加按摩很快就会把包块吸通。

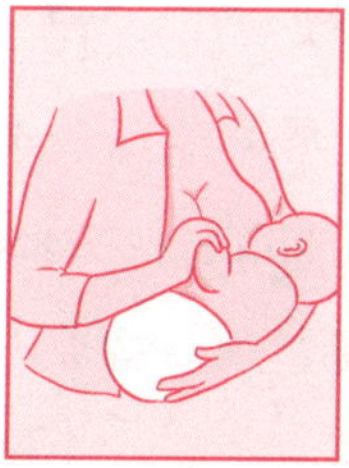

摇篮式

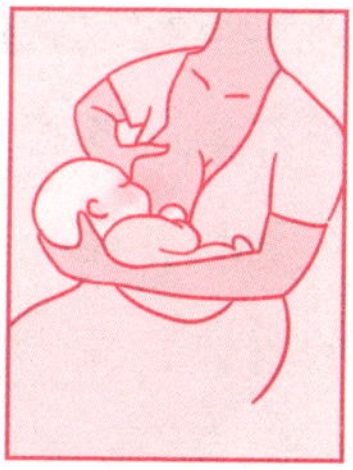

交叉摇篮式

橄榄球式

半躺式

侧躺式

摇篮式动作要领：

① 婴儿的头需要在新妈妈的手肘窝处。

② 新妈妈的手臂尽量去抱着婴儿的屁股或者大腿。

③ 婴儿面向新妈妈的身体，头、肩、颈、背成一条直线，记住，不仅仅是脸向着新妈妈的乳房，身体同时侧过来。

④ 新妈妈肩膀放松，不要耸肩，不要弓背，以免腰酸背痛，手臂和腰部要有支撑，可以使用哺乳枕或者枕头来做支撑。

（2）交叉摇篮式

跟摇篮式很像，适用于含乳不佳，如婴儿舌系带短，新妈妈的乳头比较大，乳头凹陷。

交叉摇篮式动作要领：

① 新妈妈的手托住婴儿的头颈，婴儿的身体需要有承托，

可以在婴儿的身体下面垫上哺乳枕或者枕头。

② 新妈妈的手臂和腰部要有支撑，肩膀放松，不要耸肩，不要弓背，以免腰酸背痛，可以使用哺乳枕或者枕头来做支撑。

③ 婴儿面向新妈妈的身体，头、肩、颈、背成一条直线，身体不要屈曲。

摇篮式与交叉摇篮式姿势的区别是，摇篮式是用哺乳同侧的手臂托起婴儿的屁股和头颈，对侧手托起乳房，交叉摇篮式则是用哺乳对侧的手臂从婴儿的胯部伸向头部，托起婴儿的头颈，同侧手托起乳房，或者是配合托起婴儿的头颈，这样婴儿吃奶的角度会发生一些变化，更容易含乳。新妈妈把手交换一下，交叉摇篮式就很容易地切换成了摇篮式。对于含乳不佳的婴儿，用交叉摇篮式给婴儿含乳，含上以后切换成摇篮式，新妈妈会抱得更轻松一些。

（3）橄榄球式

橄榄球式也叫环抱式。适用于含乳不佳、剖宫产、双胞胎同时哺乳的情况。

橄榄球式动作要领：

① 新妈妈手托住婴儿的头颈，将婴儿夹在自己的胳膊下方，婴儿的身体需要有承托，可以在婴儿的身体下面垫上哺乳枕或者枕头。

② 新妈妈的手臂和腰部要有支撑，肩膀放松，不要耸肩，不要弓背，可以使用哺乳枕或者枕头来做支撑。

③ 婴儿面向新妈妈的乳房，婴儿的头、肩、颈、背成一条

直线，避免身体屈曲。

（4）半躺式

半躺式也叫乳房爬行自主喂奶，也是袋鼠育儿法的一种。新妈妈喜欢这种不费力的哺乳方式。用于产后初期、剖宫产、婴儿拒绝乳房，或乳头混淆的情况。新生儿出生后，新妈妈第一次哺乳就可以采用这种方式，通过肌肤相亲促使新生儿产生原始反射，如爬行反射、觅乳反射，新生儿可以在新妈妈的身上爬着过去寻找乳房，自主含乳。

半躺式动作要领：

① 新妈妈半躺，婴儿的头稍微侧一点，与新妈妈的乳房相对，婴儿露出鼻孔，鼻尖对着乳头。

② 新妈妈全身放松，腰部有支撑，新妈妈的手臂给婴儿的头颈做支撑。

③ 婴儿可以自主选乳，自行调整选乳姿势，含接乳头。

④ 剖宫产的新妈妈用这个姿势注意避开伤口，新妈妈的腿部自然弯曲，把剖宫产伤口藏起来。婴儿的双腿放在新妈妈的大腿上，就不会碰到伤口。

（5）侧躺式

侧躺式也叫躺喂式。很多新妈妈都喜欢这种方式，认为轻松省力，也适合夜间哺乳，适合侧切伤口疼痛的情况。

侧躺式动作要领：

① 新妈妈侧躺，身体需要有支撑，上面那只腿搭过来，弯曲着放在床上，可以给身体做一个支撑，在背后垫一个枕头，支

撑新妈妈的腰部，还可以在新妈妈的双腿之间夹一个枕头。

② 新妈妈与婴儿完全侧身相对，婴儿面向新妈妈的身体，鼻尖对着新妈妈的乳头。婴儿的头、肩、颈、背成一条直线，婴儿的背部可以放一个毛巾卷支撑身体，婴儿的头部周围不要有多余的物品。

③ 如果新妈妈的乳房比较大，容易堵住婴儿的鼻子，新妈妈可以在哺乳过程中轻轻按压乳房，保证婴儿呼吸顺畅。

哺乳看似很简单不需要教，其实，哺乳姿势是非常重要的。很多新妈妈乳头疼，不得已停止哺乳，就是因为哺乳姿势不对。还有新妈妈因哺乳造成腰酸背痛，从而停止了哺乳，也是因为哺乳姿势不对。

17. 喂奶时乳头疼痛怎么解决

在母乳喂养指导的实际工作中，常常碰到新妈妈乳头疼痛，甚至破溃导致不得已终止哺乳。新妈妈应认识到喂奶时乳头疼痛一定是衔乳方式不对。

（1）正确的哺乳标志

① 婴儿嘴巴张大 120° 且上下嘴唇外翻。

② 婴儿的下巴紧贴乳房。

③ 新妈妈乳晕正常，婴儿可以将大部分下乳晕都含在嘴里。

④ 有规律并且深深地吸吮，吸吮间隔时间很短。

⑤ 可以听见婴儿有规律的吞咽声。

⑥ 在最初的几次吸吮后，新妈妈没有感到乳头不适。

（2）错误的哺乳标志

① 婴儿的头和躯干并没有成一条直线，很多时候婴儿是在扭着头吃奶。

② 婴儿只是在衔着乳头，嘴巴张大≤ 90°，没有将大部分下乳晕含在嘴里。

③ 婴儿吸吮很快很轻，并且有些急躁，而不是深深地有规律地吸吮。

④ 婴儿在吸吮过程中发出吧嗒声。

⑤ 在泌乳量增加以后，新妈妈没有听到婴儿有规律的吞咽声。

⑥ 在哺乳过程中，新妈妈常常感到乳头疼痛，或发现乳头有损伤。

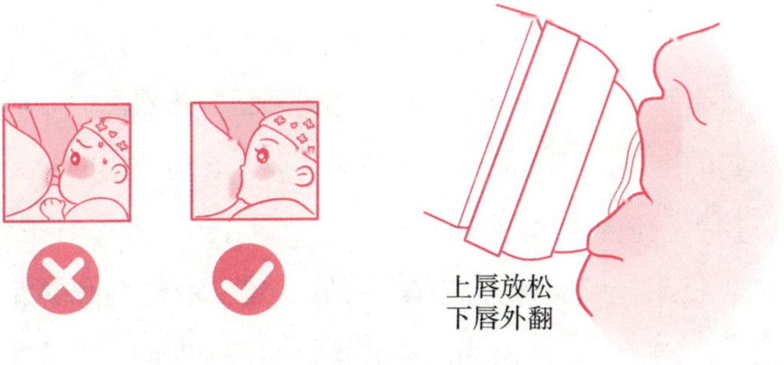

18. 为什么说学会产后的“三早”“三贴”是实现母乳喂养的关键

“三早”“三贴”是实现母乳喂养的关键技巧。很多人把催乳师的手法神化了，其实新妈妈学会了产后“三早”和“三贴”基本就能实现母乳喂养。

（1）产后的“三早”：早接触、早吸吮、早开奶。

（2）产后的“三贴”：贴胸、贴腹、下颌贴乳房。

如果说最必要的产后服务项目，那肯定是产后的开奶服务。所谓的开奶，并不是母乳指导师把奶“开出来”，而是在第一时间给新妈妈做好泌乳指导，也就是“三早”和“三贴”。新生儿分娩出来后1个小时内让婴儿和新妈妈进行肌肤接触，让婴儿在新妈妈的身上自主爬行、选乳、含乳和吸吮，进而吃到初乳。新妈妈和婴儿同时裸露胸口的肌肤最大面积地进行皮肤接触，新妈妈可以轻柔地抱着婴儿，同时看着他，跟婴儿说话，婴儿光着身体趴在新妈妈身上，贴着新妈妈，感受到新妈妈熟悉的心跳，听到新妈妈的声音，闻到新妈妈的气味，婴儿在新妈妈的身上自主爬行，用手触摸新妈妈的乳房，用嘴巴舔乳房，开始自主选乳，吃上第一口奶，顺利地开启母乳喂养，建立新妈妈和婴儿的母婴关系。产后的1个小时内为肌肤接触的黄金时间，是婴儿最清醒、觅乳反射本能最强烈的时候。肌肤接触不仅促进母婴情感上的紧密联系，也使新生儿的吸吮能力尽早形成。

19. 产后“三早”“三贴”的好处

产后的“三早”分别指早接触、早吸吮、早开奶。

（1）早接触的好处：

① 皮肤是身体最大的感觉器官，母与子的肌肤相亲是婴儿建立一辈子安全感的关键办法。

② 有助于刺激婴儿各种反射的建立和巩固。

③ 有助于新妈妈泌乳素和催产素的产生。

（2）早吸吮的好处：

① 建立婴儿良好的肠道环境和免疫系统。

② 建立良好的含乳吸吮模式，预防婴儿和新妈妈后面一系列的问题。

③ 婴儿吸吮刺激新妈妈分泌泌乳素和催产素，帮助新妈妈子宫收缩，预防产后出血。

④ 激活新妈妈更多的乳房腺体，让新妈妈产奶量的上限更高，早开奶，这里的开奶不是指用手法按摩开奶，而是指婴儿通过含乳、吸吮的本能刺激新妈妈的泌乳二期，也就是尽快下奶。刚出生的婴儿具备很强的含乳和吸吮反射的能力，新妈妈也非常想要拥抱婴儿，这个时候的肌肤接触和含乳、吸吮非常有助于新妈妈分泌乳汁。

（3）早开奶的好处：

① 让新妈妈的泌乳二期尽快到来，建立母乳喂养的信心。

② 泌乳二期尽快到来，避免添加配方奶。

③ 避免其他喂养方式，如勺子和奶瓶的介入，避免乳头的混淆。

④ 减少各种介入，新妈妈因人为的介入导致奶水变少的概率大大降低。

产后的“三贴”分别指贴胸、贴腹、下颌贴乳房。“三贴”的好处：

（1）让婴儿的生命体征如体温、呼吸、心率、血压更加稳定。

（2）刺激婴儿的觅乳反射，有助于婴儿正确含乳。

（3）刺激新妈妈分泌更多的泌乳素和催产素，有助于新妈妈的子宫收缩，刺激泌乳二期尽快来临。

（4）肌肤接触有助于观察婴儿，万一有异常，方便及时发现。

产后的“三早”“三贴”，如果条件允许的话，建议经常做。婴儿乳头混淆、拒绝乳头、厌奶期都建议肌肤进行接触，是一个很好的缓解办法。肌肤接触是新妈妈对婴儿最好的爱和极佳的陪伴方式。

20. 到底什么是按需喂养

我们经常说母乳喂养的方式是按需喂养，不是按哭喂养，到底什么是按需喂养？

分阶段来回答这个问题：

（1）婴儿在新生儿期，按需喂养。按新妈妈还是婴儿的需求？其实新妈妈和婴儿的需求都需要关注到。新妈妈的乳房胀奶，需要婴儿来吸吮，通过吸吮疏通乳腺管道，分泌乳汁。婴儿感到饥饿，需要吃母乳，满足新生儿的需求是最重要的，及时回应婴儿的需求有助于形成安全的心理依恋关系。婴儿安全感是通过吸吮来获取的，在最初的一个月充分满足母与子的需要。通过婴儿吸吮，促进泌乳二期的尽快来到，以保证乳汁的充足。婴儿通过吸吮满足能量的需求，获得安全感。新生儿期，每天保持10~12次的喂养。

（2）婴儿满月了，度过了新生儿期，供需平衡稳定了，新妈妈需要按时喂养，也就是按规律喂养了。但是无论如何都不能按哭喂养。经过第一个月的磨合，新妈妈和婴儿基本能达到供需平衡了。确保3个小时左右喂养一次，并不是婴儿一哭就给奶吃，虽然通过吸吮能够缓解婴儿的情绪，但是没有规律地喂养，会让婴儿肠胃混乱。

三、母乳喂养怎样判断供需平衡

21. 0~12 个月的婴儿喂养的奶量应该是多少？怎样喂养是合理的

这是很多新手妈妈最常见的疑问，有奶粉罐上的说明，有“别人家”婴儿的奶量，对于母乳喂养的新妈妈来说有自己的“房子”（乳房）却没有刻度，到底婴儿吃进去多少，是无法衡量的。

母乳喂养是具有灵活性和个体化的喂养方式，其实不推荐严格量化奶量，要通过观察婴儿的饥饿信号、生长曲线和排泄情况来判断喂养是否充足。

（1）0~12 个月婴儿喂养核心原则

① 纯母乳喂养至 6 个月

按需喂养：一般 2~3 小时一次，婴儿饥饿时即可哺乳（通常每天 8~12 次）。

拒绝奶瓶刻度依赖：母乳亲喂时无法测量具体奶量，婴儿吸吮时会自然调节摄入量。

② 6 个月后持续母乳喂养并添加辅食

母乳仍是主要营养来源：辅食初期（6~8 个月）母乳占 70% 以上营养，逐渐过渡，到 1 岁时母乳约占 50%。

辅食不影响母乳频率：辅食后继续哺乳以满足营养需求。6个月后添加辅食，母乳仍然是“主食”。

（2）0~12个月母乳喂养标准

①0~6个月（纯母乳喂养阶段）喂养频率

新生儿期，每1.5~3小时哺乳一次，夜间需哺乳2~3次。2~6个月，哺乳次数可能减少至每天7~9次，逐渐形成规律。

②判断摄入充足的指标

体重增长：前3个月每月增重600~1000g，4~6个月每月增重400~600g。

尿布量：每天至少6片湿尿布，尿液清澈或淡黄；新生儿期每天3~4次黄色糊状便。

哺乳表现：婴儿主动松开乳头，表情放松，哺乳后能安静入睡或清醒活动。

③6~12个月（母乳+辅食阶段）

母乳频率：每天4~6次哺乳（如晨起、睡前、辅食后）。

辅食与母乳的平衡：辅食初期（6~8个月），每天1~2次辅食（每次1~2勺），母乳仍占主导。9~12个月，每天3次辅食+2次零食，母乳量逐渐减少，但需保证每日总量约500~700mL（通过哺乳频率维持）。

（3）配方奶喂养方法及标准

①若需补充配方奶

优先保护母乳供应，使用辅助哺乳工具（如乳旁加奶器），避免直接使用奶瓶，减少乳头混淆风险。

② 配方奶量参考

0~6 个月：每日 150~180mL/kg（例如 4kg 婴儿 600~720mL/d）。

6~12 个月：每日 120~150mL/kg，随辅食增加逐步减少。

备注：

母乳喂养：不用通过“刻度”来判断婴儿是否吃饱，要通过婴儿表现和生长曲线判断喂养是否充足。

配方奶补充：仅在必要时使用，并尽量通过专业指导减少对母乳喂养的干扰。

最重要的提示：以妈妈快乐、婴儿舒适为核心目标，建立母婴和谐的喂养关系，而非机械遵循数值标准。

22. 如何观察婴儿是不是吃饱了

婴儿到底是不是吃饱了，是大多数新妈妈的困惑。判断婴儿是否吃饱遵循三个指标五个方法。

三个指标：（1）喂时看状态，看看是不是吃进去奶了？（2）近期看排泄量，每天看尿量几次，排便几次，以此来倒推是不是吃够奶量了。（3）后期看体重增长是否达标。

五个方法：

（1）观察婴儿吃奶时候的状态，检查婴儿是不是深含乳，吃奶的时候新妈妈的乳房是否舒服，吃奶时婴儿有没有吞咽动作，这点主要是观察，如果听不到声音的话，就要看婴儿的下颌是不是一动一动的。

（2）观察新妈妈乳房喂奶前后的变化。新妈妈喂奶前用手挤下乳房，奶水流速快而且多。喂奶后再挤乳房，奶水流速变慢且变少。新妈妈在喂完奶后会发现乳房一定会比喂奶前变得更加松软和轻盈，这说明乳汁被移出来了，婴儿吃到奶了。

（3）监测婴儿生长发育曲线，按照月龄填写，观察婴儿是否在正常的生长区间内，每个婴儿都有自己的生长曲线，不与其他婴儿做对比，如有异常立即就医。

（4）观察婴儿 24 小时的大小便，用排泄量来推算婴儿 24 小时小便的排便量，至少是 6 次。就是说婴儿每天尿不湿有重量的不低于 6 片，大便 24 小时应 1~4 次。观察小便更准确。大便有异常，则考虑个体差异或肠胀气、消化不良。

（5）体重增长，前 3 个月每月增长 600~1000g，4~6 个月每月增长 400~600g。

23. 怎样捕捉婴儿饥饿的信号和吃饱的信号

有些新手妈妈哺乳的时候还是不会区分婴儿到底是不是吃饱了。有以下方法可以分辨：

（1）早期饥饿信号，婴儿的身体开始扭曲，把手放在嘴边吸吮自己的手，头部开始扭动，表现出寻觅乳房的迹象。

（2）中期饥饿信号，婴儿肢体的运动幅度增加，寻觅乳房开始有情绪，呼吸变得急促。

（3）晚期饥饿信号，婴儿开始哭闹。如果新妈妈没有识别出饥饿信号，没有及时哺乳，婴儿的情绪就会变得激动，需要先安抚，让婴儿安静下来，才能更好地哺乳。

小样儿或者早产儿，或者其他的病儿，没有能力释放饥饿的信号，要特别注意。所以新妈妈也不能完全根据信号来判断婴儿是否饿了。这里就需要按时喂养。

被误读的饥饿信号，如轻点婴儿嘴角，婴儿到处寻觅乳房、哭闹，家长就以为是婴儿饿了；母乳喂养之后，婴儿还能接受奶瓶。这些并不一定是婴儿饿了，也可能是婴儿的吸吮反射导致的。

（4）饱了的信号，婴儿吃饱最常见的就是主动松开乳头，不再继续吃母乳，婴儿的身体感到很放松，表情很愉悦，很满足。但也有一些婴儿一吃母乳就要睡觉，因为母乳喂养具有催眠安抚的作用，婴儿可能还没有吃饱就不再继续含乳，婴儿的嘴巴还要动几下，然后睡着，也会出现醒来继续吃这种情况。实际上，婴儿没有吃饱就睡也没有关系，婴儿的睡眠周期本来就很短，下一时间段接着喂养就可以了。

24. 婴儿体重怎样才是达标的

（1）婴儿体重增长数据

出生第 1 个月：每天增重 20~35g，平均第一个月增长 700~1000g。

出生 1~4 个月：每月体重增加 600~900g，4~6 个月的体重是出生时的 2 倍，1 周岁时的体重是出生时的 3 倍，但是现在很多婴儿 2~3 个月就体重翻倍了。

母乳亲喂一般不用担心过度喂养，母乳瓶喂和配方奶瓶喂则需要关注过度喂养。

刚出生时，医务人员每天都会给婴儿称重。回家后，出生后的第 1 个月，婴儿可以 1 周称重一次，后面可以每个月称重一次。体重是非常重要的评估指标。

（2）生长曲线

虽然有了相应的数据，但是不少家长还是存在生长焦虑，对照数据喂养婴儿。家长要做到心中有数，只需拿之前和当前婴儿的生长情况进行比较。生长曲线由一系列的百分比曲线图构成，是用来记录和评估婴儿生长发育情况的辅助工具。推荐世界卫生组织（WHO）儿童生长曲线 2006 版，它是基于纯母乳喂养人群制定的，是非常客观地评估婴儿生长情况的工具，不跟邻居家的比，也不跟网上的比，要跟生长曲线比。生长曲线反映的是之前和当前婴儿的生长情况，是非常重要的评估指标。

生长速率——女孩

从出生到6个月

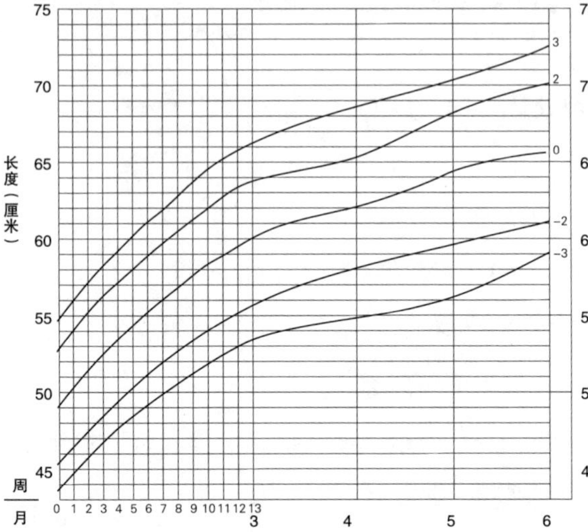

生长速率——男孩

从出生到6个月

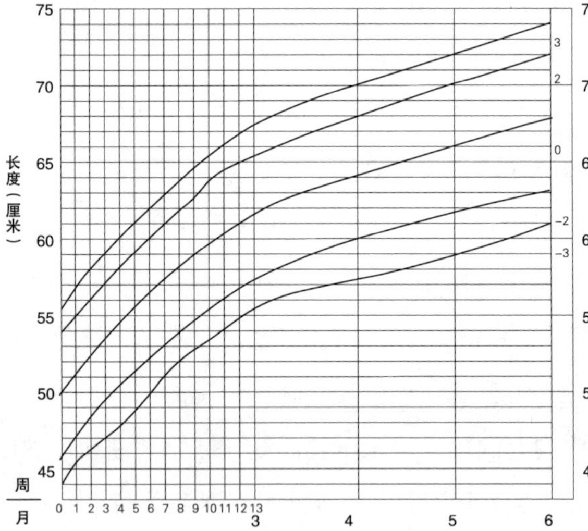

每张生长曲线图上面有五条线，每一条线的后面都有一个数据，这数据代表着百分位，3%~97%都是正常的范围，超过97%就是超了，低于3%就是落后了。50%并不代表平均值，而是中位数。生长曲线通常会沿着某一条曲线上下波动，或者在两条曲线之间波动，不会说一直沿着某一条曲线。但是如果婴儿生长曲线已经超越两条曲线区间（无论上升和下降），比如婴儿的曲线原来在85%~97%，突然降到50%~15%。此时需要警惕喂养问题或疾病，建议及时去看医生。

影响生长曲线的因素有很多，我们经常会参考爸爸妈妈小时候的生长规律。有一句话说得很好，没有完美的生长曲线，每个婴儿的生长轨迹都是独一无二的，正如每一片树叶都是独一无二的，每个婴儿会沿着自身的轨迹生长，无须跟任何人比较 。

25. 是否需要把新生儿喊醒吃奶

这是新手妈妈非常纠结的问题。新生儿睡眠时间长，如果不唤醒怕新生儿低血糖，把新生儿唤醒吃奶又怕打扰新生儿睡眠。

新生儿出生后的1~2周，每天需要哺乳8~12次，有以下几个原因。第一，新生儿通过频繁地吸吮，让新手妈妈的泌乳二期快点来临，预防生理性胀奶。第二，保证新生儿有足够的摄入。新生儿出生后基本上会有生理减重，需要让新生儿尽快恢复出生时的体重。第三，泌乳素是脉冲式的，2~3 小时喂一次奶，可以始终让泌乳素保持在高水平，有利于母乳充足，早点建立泌乳产能。

基于以上几点得出如下结论：（1）在新生儿出生前半个月；（2）在生理性体重下降阶段；（3）在新生儿黄疸没有消退阶段。这三种阶段新生儿睡眠时间不能超过 4 个小时。超过时间了直接抱起喂奶，不需要叫醒。新生儿在浅睡眠的时候可以自主吃奶，吃饱了接着再睡也是可以的。

四、关于厌奶

26.“厌奶”有哪些表现呢

所谓“厌奶”常出现在 3~6 个月，当然任何月龄都有可能出现，主要有以下表现：

（1）有效哺乳时间短，以前可能吃 20 分钟，现在可能吃 10 分钟甚至 5 分钟。

（2）吃奶不专心，吃两口玩一下，然后再吃两口，再玩一下。

（3）觅到乳房就烦躁，拉扯乳头或者是抗拒新妈妈的乳房，一喂奶就扭头，拿舌头往外顶新妈妈的乳头，拿小手推开新妈妈哭闹。

（4）只吃奶瓶，不吃新妈妈的乳头。或者只要新妈妈亲喂，不吃奶瓶。

（5）生病过后就不爱吃奶。

（6）新妈妈堵奶、乳腺炎过后婴儿就不爱吃奶了。

（7）大便通常有血丝便、黏液便、水便分离状态，等等，这些情况，通常吃奶也不好。

那么是不是有上面的表现就叫“厌奶”呢？所谓的“厌奶”还分为生理性、病理性、心理性的，具体情况需具体对待。找出准确原因才能解决喂养问题。

27. 婴儿 3~6 个月厌奶是什么原因造成的

婴儿在 3~6 个月期间出现“厌奶”（暂时性奶量下降或吃奶不积极）是相当普遍的现象，主要原因包括：

（1）生长发育的自然节奏变化

生长速度放缓：相比前 3 个月的快速生长，这个阶段的婴儿生长速度会自然减慢一些，对能量的需求相对减少，因此可能不需要像之前那样吃那么多奶。

感官发育，好奇心增强：婴儿的视力、听力、对周围环境的感知能力都大大提升。吃奶时容易被周围的声音、光线、移动的物体吸引而分心，不再像小月龄时那样能专心吃奶。

（2）味觉的初步发展

婴儿开始对味道有了更敏锐的感觉。如果新妈妈饮食有较大变化（影响母乳味道）或尝试过不同味道（如药物、维生素 D 滴剂），婴儿可能会暂时对熟悉而单一的奶味兴趣降低。

（3）探索世界的方式（口腔敏感期）

这个阶段的婴儿开始喜欢用嘴巴探索世界，频繁吃手、啃玩具。有时会把吃奶的时间用来“玩”乳头或奶嘴，吮吸几口就停下来东张西望或玩耍，不能专心吃奶。

（4）喂养方式或环境的影响

过度喂养或喂养间隔不当：喂养可能过于频繁或奶量过大，婴儿没有体验过饥饿感；喂养间隔太短，婴儿还不饿。

环境干扰：嘈杂、光线过强、有人走动或逗弄的环境会让婴儿吃奶时分心。

强迫喂养：当婴儿表现出不想吃奶时，家长如果强行塞奶瓶或按住头喂奶，会让婴儿产生抵触情绪，将吃奶与不愉快的体验联系起来。

（5）可能的生理不适

出牙前期不适：牙龈肿胀、发痒可能让婴儿吮吸时感到不适。

轻微不适：如鼻塞、胃食管反流、鹅口疮、中耳炎等也可能影响吃奶意愿（但这通常伴有其他症状如哭闹、睡眠差、发烧等）。

3~6 个月的“厌奶”绝大多数是生理性、暂时性的，主要源于婴儿生长发育的自然变化（生长放缓、感官发展分心、好奇心增强）和味觉的初步发展。家长需要做的是保持耐心、营造安静专注的吃奶环境、按需喂养（尊重婴儿饥饿信号）、避免强迫喂食、保证奶量在合理范围即可（看尿量、精神状态、生长曲线）。通常持续几天到几周会自行改善。如果伴随其他异常症状或体重增长明显放缓，则需及时就医排除疾病原因。

28. 改善厌奶的方式有哪些

（1）适当地增加运动，趴是最好的被动操，是最好的排气操。趴能锻炼婴儿头颈部、颈背部的肌肉力量。从开始地趴到蠕动爬，到手膝爬再到飞碟爬，都是循序渐进的大肢体运动。婴儿有运动消耗就会容易饿，会更好地吃奶。也可以带婴儿出去玩一下，心情好了，也会更加愿意吃奶。

（2）横搓四横纹、掐揉四横纹。这是实际操作中常用的方法，有的婴儿不吃奶，经过掐揉四横纹，一次就见效了。

（3）“敏宝”需回避过敏原，恢复肠道功能。

（4）肌肤接触。不要在肌肤接触的过程中不断地尝试让婴儿吃奶，更不要强迫婴儿。肌肤接触是给婴儿安全感和陪伴，改善母婴之间的连接，婴儿吃上奶只是一个顺其自然的结果。

五、喂养与乳糖不耐受

29. 什么是乳糖

乳糖普遍存在于动物的乳汁中，母乳中含有大量的乳糖，乳糖可以直接代谢成半乳糖和葡萄糖，为婴儿提供能量，每天 1/3 到 1/2 的能量都是由乳糖提供的。乳糖还可以促进钙和铁的吸收，促进大脑发育，非常重要。母乳或者配方奶里的乳糖经过小肠的时候，在小肠微绒毛分泌的乳糖酶的作用下，分解成葡萄糖和半乳糖，然后吸收到体内，这个过程是在小肠进行的，乳糖酶是小肠分泌出来的，大肠里面没有乳糖酶，乳糖酶在胎儿 24 周的时候就已经在小肠绒毛上出现，婴儿刚出生时，乳糖酶的浓度最高，之后慢慢降低。

30. 什么是乳糖不耐受

婴儿乳糖不耐受，指的是小肠无法正常消化奶里的乳糖，从而导致的不舒服。

婴儿乳糖不耐受的核心原因：缺少“小帮手”——乳糖酶。消化乳糖（奶里的主要糖分）需要一种叫乳糖酶的物质，它由小肠生产。婴儿小肠产生的乳糖酶太少或者活性不够，就会造成婴儿乳糖不耐受。

通常没被消化的乳糖会直接进入大肠。大肠里的细菌遇到这些乳糖，会疯狂“发酵”，产生大量气体和酸性物质，会出现腹泻。婴儿会出现水样、泡沫状、带酸臭味的大便，排便次数增多；会出现腹胀、肠鸣；会出现肚子鼓胀，咕噜咕噜响，放屁多；会出现腹痛，吃奶后哭闹、烦躁、蜷缩身体。有时也可能发生呕吐。

婴儿乳糖不耐受，主要发生在喝奶后，无论是母乳、普通奶粉还是牛奶。发生的根源在“酶”，不是奶本身有问题，而是婴儿身体暂时或天生缺少处理奶中乳糖的能力。这里说的身体暂时缺少处理奶中乳糖的能力，多因肠道受损（如拉肚子、感染）导致乳糖酶生产暂时减少，肠道恢复后即正常。天生乳糖酶缺乏的很少见。

备注：小肠缺乳糖酶，消化不了奶里的乳糖，未消化的乳糖在大肠“发酵”捣乱，引起腹泻、胀气、腹痛。

31. 婴儿为什么会出现乳糖不耐受

婴儿出现乳糖不耐受的原因主要有四种：

（1）天生就少乳糖酶（原发性，非常少见）

这是最罕见但最严重的一种。婴儿生下来肠道里制造乳糖酶的能力就极低，甚至完全没有。

乳糖酶就像一把“小剪刀”，专门负责把牛奶和母乳里的大分子乳糖“剪碎”成小分子（葡萄糖和半乳糖），这样小肠才能吸收。如果天生没有或极少能力制造出乳糖酶，婴儿一喝奶（包括母乳）就会出现严重腹泻、胀气、呕吐、体重不增，甚至脱水。通常婴儿出生几天后就会表现出这些症状，非常明显。

（2）腹泻后（继发性，最常见）

这是婴儿乳糖不耐受最常见的原因。

婴儿的肠道原本能正常产生乳糖酶，但因为某些原因暂时受到影响，导致的原因常有：病毒或细菌感染，如轮状病毒、诺如病毒引起的肠胃炎（拉肚子）。肠道发炎，如过敏（牛奶蛋白过敏）、肠道疾病（如乳糜泻，婴儿少见）。肠道手术或严重药物影响，肠道受损时，肠壁上负责生产乳糖酶的“小工厂”（肠绒毛顶端）被破坏了，暂时无法生产足够的乳糖酶。奶里的乳糖无法被消化进入大肠，大肠里细菌分解乳糖，结果产生大量气体（氢气、二氧化碳等）和酸性物质。婴儿就会表现出肚子胀气、咕噜叫、肚子痛（哭闹）、放屁多，大便变得很稀、带泡沫、有酸臭味等症状。但是这种情况是暂时性的！一旦婴儿的肠道从疾病或损伤中完全恢复（通常需要几周到一两个月），“小工厂”修好了，就能重新生产足够的乳糖酶，乳糖不耐受症状就会消失。

（3）提前报到（发育性，多见于早产儿）

婴儿肠道里生产乳糖酶的能力是在妈妈怀孕后期（通常在孕34周后）才快速成熟的。

如果婴儿是早产儿（特别是34周之前出生的），他的肠道发育还不完善，生产乳糖酶的“小工厂”还没准备好，产量自然不足。这种情况也属于暂时性的。随着婴儿长大，肠道发育成熟，乳糖酶产量会逐渐达到正常水平，不耐受症状通常也会在出生后几周内慢慢改善。

（4）喂养方式不正确（多见于母乳喂养）

母乳喂养时，过多地摄入“前奶”导致乳糖不耐受。如果妈妈奶量过多，婴儿每次只吃到“前奶”就饱了，或者是哺乳的时候频繁换边，又或者是经常用奶来安抚婴儿，这些情况都可能导致婴儿吃到过多的“前奶”。“前奶”的特点是脂肪少，脂肪少的食物进入消化道，在胃和小肠里停留的时间比较短，乳糖还没有被完全分解，就进入了大肠。过多地摄入“前奶”导致的乳糖不耐受，会导致婴儿腹痛、腹胀，排气多、肚子不舒服，但是一般不会影响生长发育。

32. 怎样判断乳糖不耐受

妈妈可以从婴儿表现的症状上看，也要配合其他关键因素来判断。

（1）乳糖不耐受婴儿表现出的症状

① 腹泻。反复水样便、泡沫便，酸臭味重（像发酵味）。排便次数骤增（日超 10 次以上需警惕）。

② 腹胀与肠鸣。肚子鼓胀，轻拍有“咚咚”声。持续肠鸣（咕噜声明显）。

③ 哭闹不安。吃奶后 30 分钟 ~ 2 小时内突发哭闹，蜷腿蹬脚。放屁或排便后短暂缓解。

④ 呕吐 / 溢奶加重。吃奶后频繁吐奶，可能呈喷射状。

（2）乳糖不耐受关键判断方法

① 上述症状在喂奶后规律性出现，停奶后减轻（如换成无乳糖奶粉）。

② 排便检测（需就医）。便常规：排除感染（如轮状病毒）；大便 pH 值：<5.5 提示乳糖未消化（酸性）；尿半乳糖检测：阳性可辅助诊断。

③“饮食试验”验证（家庭操作）。母乳 / 普通奶粉→改喂无乳糖配方奶粉 3~5 天→若症状显著改善，再换回原喂养方式→症状复发即可初步判断。

④ 乳糖不耐受需要与牛奶过敏相区分。牛奶蛋白过敏常伴

皮疹、血便、呼吸道症状（如喘息），乳糖不耐受以消化道症状为主。

⑤ 乳糖不耐受以继发性更常见。多由肠炎（如轮状病毒感染）、抗生素使用等损伤肠道引起，痊愈后 2~4 周可恢复。

备注：

简记口诀：

吃奶就哭闹，腹胀屁带泡，

酸味泡沫便，停奶见成效。

先查感染否，再试无乳糖，

原发极少见，继发疗病因。

33. 婴儿乳糖不耐受居家怎样喂养

（1）核心原则

① 明确类型。原发性（罕见）：先天缺乏乳糖酶，需长期无乳糖饮食。继发性（常见）：由腹泻、感染等损伤肠道引起，暂时性不耐受，恢复后需逐步转回普通奶粉 / 母乳。

② 就医确诊。出现腹泻、腹胀、便酸臭、哭闹等症状时，先就医排除感染、过敏等疾病，勿自行诊断。

（2）喂养方案

① 母乳喂养婴儿。妈妈可以这样做：母乳 + 乳糖酶。哺乳前 15 分钟，将乳糖酶滴剂（如 Lactaid）滴入婴儿口中，再喂母

乳。不推荐停母乳！母乳营养无可替代。还可以这样做："前奶/后奶"调整（可尝试）：喂奶前挤出部分"前奶"（乳糖含量相对更高），让婴儿多吃脂肪含量高的"后奶"，可以减轻症状。

② 配方奶喂养婴儿。为婴儿更换无乳糖配方奶粉（如"腹泻奶粉"），超市或药店都能找到（比如雀巢 AL110、美赞臣无乳糖款）。直接替换原配方奶粉，喝到症状消失后 3~7 天。待症状稳定后，按顿混合两类奶粉。第 1~2 天，无乳糖配方奶粉喂 3 顿，原配方奶粉喂 1 顿；第 3~4 天，无乳糖配方奶粉喂 2 顿，原配方奶粉喂 2 顿，这样一点点增加原配方奶粉，大概 1~2 周换回来。

③ 已添加辅食的婴儿（>6 月龄）

婴儿继续添加米粉、蔬菜泥等辅食，暂停含乳糖食物，如普通酸奶/奶酪、含奶的烘焙食品、乳清蛋白粉。可选无乳糖食品替代，如无乳糖牛奶/酸奶、钙强化豆奶（咨询医生）。

（3）关键提醒

① 继发性不耐受。通常 2~4 周自愈，长期喝无乳糖配方奶粉可能影响钙吸收和味觉发育。

② 乳糖酶使用。需冷藏、每餐前使用，剂量遵医嘱。

③ 营养保障。无乳糖配方奶粉营养齐全，无需额外补充其他辅食（除医生建议）。

（4）何时恢复正常饮食

① 继发性。腹泻停止、大便正常后 1~2 周，逐渐转回原喂养方式。

② 原发性。严格遵医嘱终身管理，但需通过其他食物补钙（如深绿蔬菜、无乳糖高钙奶）。

备注：母乳喂养婴儿加乳糖酶，奶粉喂养婴儿换无乳糖配方奶，继发性症状消失后逐步转奶，所有情况先看医生再行动！

六、喂养与牛奶蛋白过敏

34. 牛奶蛋白过敏有哪些表现呢

牛奶蛋白过敏常表现在皮肤、消化道、呼吸道，等等，它们侵犯不同的部位，就会出现不同的症状，引发不同的疾病。

最常见的部位是皮肤。比如红眉毛，鼻屎特别多，嘴周红，皮肤湿疹，眼睑、耳边水肿。

消化道症状会出现频繁的胃食管反流，每天有超过 5 次或 10 次的吐奶，严重的时候甚至有呕血。大便次数明显增多，出现血丝便、黏液便、水便分离。6 月以下月龄的婴儿每天有 7 次以上大便，6~12 月龄的婴儿超过 4 次大便，大便带血或者血丝，鲜血便出血量多少不等，少的只是肉眼可见的几根血丝或者小血点，多的可以是全程的鲜血便。还有就是喂养困难或吞咽困难，婴儿不愿意进食，看见奶瓶就哭，厌食、拒食，还有婴儿肠绞痛，出现不明原因的持续哭闹，喂养者无论采用什么方式都难以安慰。持续哭闹两三个小时。

呼吸道的表现有流鼻涕、打喷嚏、非感染性的慢性咳嗽、喘息和呼吸困难。

在小婴儿中最常见的是皮肤和消化道症状。随着年龄的增长在幼儿阶段容易出现呼吸系统症状。

35. 婴儿为什么会牛奶蛋白过敏

“敏宝”这个词在最近这几年越来越火了，可见“敏宝”越来越多了。婴儿是不是“敏宝”，新妈妈可以评估自己婴儿的情况，婴儿是以什么方式出生的？剖宫产、顺产？是足月出生还是早产？第一口喝的什么奶？配方奶？母乳？婴儿有没有疾病史、腹泻史？有没有中重度黄疸、抗生素使用史？有没有频繁转奶史？不同品牌的配方奶的转换？牛乳、羊乳的转化？家中使用清洁湿巾的情况是否频繁？是否有家族史？累计叠加得越多，“敏宝”的概率越大。

婴儿皮肤上出现湿疹、红斑、瘙痒、荨麻疹等，胃肠道出现吐奶、小肚子鼓胀，排便异常（腹泻、便秘、便血丝）等，可能就是牛奶蛋白过敏了。

婴儿牛奶蛋白过敏是婴儿期最常见的食物过敏之一，主要由免疫系统对牛奶中的某些蛋白质产生异常反应引起。

（1）遗传易感性

父母或兄弟姐妹有过敏性疾病（如湿疹、哮喘、花粉症）的婴儿，过敏风险显著增加（遗传概率为 30%~80%）。

（2）婴儿肠道屏障功能薄弱

① 肠道通透性高

婴儿肠道黏膜的紧密连接尚未发育成熟，大分子牛奶蛋白可能直接穿过肠壁进入血液，激活免疫系统。早产儿风险更高，肠道发育更不成熟，过敏概率增加。

② 肠道菌群未建立

新生儿肠道菌群以双歧杆菌为主，若因剖宫产、配方奶喂养或抗生素使用导致菌群失衡，可能削弱其免疫耐受能力。

（3）喂养方式

① 过早接触牛奶蛋白

配方奶喂养：出生后过早使用普通配方奶（尤其出生后 1 周内），会增加致敏风险。混合喂养：母乳与配方奶交替喂养可能干扰婴儿免疫耐受的形成。

② 母乳喂养母亲的饮食

现在社会防腐剂、食品添加剂、转基因食品越来越多，都会提高过敏的概率；哺乳期母亲摄入牛奶或乳制品后，牛奶蛋白可能通过母乳传递给婴儿，引发过敏反应（但概率较低，约 0.5% 的纯母乳喂养婴儿会过敏）。

③ 环境因素

目前发现越发达的地区过敏疾病的发病率越高。

添加剂。如食品添加剂、食品乳化剂、塑料微粒。增加消化道的负担，可能间接加重免疫紊乱。

空气污染。如一氧化氮、一氧化碳、二氧化硫等气体不可逆地破坏了皮肤和消化道。

过度清洁，如各种消毒剂、消毒湿纸巾。这些都可以诱发局部的炎症反应，刺激过敏反应。可能影响免疫系统的正常训练，增加过敏倾向。

婴儿牛奶蛋白过敏是免疫系统、肠道发育、遗传和环境共同作用的结果。早期识别、严格回避过敏原是管理关键，所以一直强调母乳喂养的重要性，母乳喂养在哺育婴儿问题上会少走很多弯路。多数婴儿在3岁后随着免疫和肠道功能成熟可逐渐耐受。若怀疑过敏，请及时咨询儿科医生或过敏专科，避免自行诊断延误治疗。

36. 怎样鉴别婴儿是乳糖不耐受还是牛奶蛋白过敏呢

婴儿出现皮肤红疹、吐奶、腹泻奶瓣、腹痛、血便、体重增长不好、红屁屁等到底是乳糖不耐受还是牛奶蛋白过敏呢?

我们根据以下几个方面进行鉴别。

（1）病因不同。乳糖不耐受的原因是乳糖，而牛奶蛋白过敏的原因是牛奶蛋白。

（2）发病机制不同。乳糖不耐受是没有免疫机制参与的，是乳糖酶缺乏或者活性低下导致的；而牛奶蛋白过敏是有免疫机制参与的，分为 IgE 介导、非 IgE 介导以及混合介导三种类型。

（3）引发的症状不同。乳糖不耐受只影响消化道，比如说引起腹泻、腹胀、泡沫便、肠绞痛。而牛奶蛋白过敏会影响皮肤、消化道或者呼吸道等多个器官系统，症状包括皮疹、红斑、恶心、呕吐、腹泻、腹胀、腹痛、血便，对于呼吸道有可能出现非感染性的慢性咳嗽、喘息，甚至有鼻炎。全身性的症状包括贫血、生长迟缓，甚至有一些低蛋白血症，等等。

（4）诊断方法不同。乳糖不耐受，可以是大便常规检测阴性、大便还原糖阳性、pH 值低于 5。而牛奶蛋白过敏，查的血清特异性 IgE 和皮肤点刺试验可能阳性，但是它诊断的金标准是饮食回避激发试验。

（5）转归。乳糖不耐受和牛奶蛋白过敏的预后都是良好的。

37. 对于牛奶蛋白过敏的婴儿，应该选择什么样的替代配方呢

一旦牛奶蛋白过敏经诊断确定，可以根据症状的严重程度，选择氨基酸配方或者深度水解配方奶粉。如果确诊重度牛奶蛋白过敏的话一定选择氨基酸配方奶粉，对于轻中度可以选择深度水解配方奶粉，不建议部分水解配方奶粉、大豆配方奶粉和无乳糖的配方奶粉。牛奶蛋白过敏的婴儿是不建议用羊奶配方奶粉来喂养的，因为牛奶和羊奶有交叉过敏性。有相关专业文献表明 20%

到 30% 的轻中度牛奶蛋白过敏，可以耐受羊奶配方。但是不推荐这样的试行，效率太低不说，也有可能再次试错，是不作为常规方法去推荐的，医生还是会根据症状的轻重，推荐深度水解配方奶粉和氨基酸配方奶粉。

38. 牛奶蛋白过敏的婴儿，为什么回避牛奶至少要 6 个月呢

国内外各类文献和相关专家达成共识，牛奶蛋白过敏的婴儿都需要回避牛奶至少 6 个月，这是基于以往的经验和研究的结果。婴儿在回避牛奶 3 个月后，虽然临床症状看似已经消失了，但是去检测肠道菌群，发现需要至少 6 个月才能达到与同年龄健康婴儿基本一致的肠道菌群。如果提前引入牛奶，可能会导致婴儿的症状反复，让婴儿长时间处于一个慢性炎症的过程中，特别是消化道的过敏。婴儿的胃肠道黏膜持续地充血水肿，影响营养物质的消化和吸收，会导致营养不良。胃肠道黏膜持续充血水肿，还会导致黏膜的通透性增加，使得其他的饮食蛋白质抗原进入体内，会导致多种食物过敏的发生。这就是为什么有些家长发现，家里的婴儿原来只有牛奶蛋白过敏，后来却出现了多种食物过敏。

婴儿对牛奶蛋白过敏，身体需要足够长的“冷静期”（至少 6 个月）来抹掉错误记忆，让免疫系统淡忘牛奶蛋白是“坏蛋”

的印象，升级防御系统，等肠道发育得更结实，能更好挡住牛奶蛋白入侵。增加过关概率：这样 6 个月后再尝试，婴儿身体能接受牛奶的可能性才最大。

所以，这 6 个月是让婴儿身体内部进行调整和修复的关键期，严格遵守才能最大限度地顺利度过过敏期，增加未来能喝牛奶的机会。其间务必在医生指导下使用合适的深度水解配方奶粉或氨基酸配方奶粉替代，保证营养。

七、奶瓶喂养

对于婴儿来说，婴儿配方奶是模拟母乳成分研制的。母乳中含有丰富的营养物质和免疫活性成分，能为婴儿提供全面的营养和保护。婴儿配方奶会尽量在营养成分上接近母乳，比如添加适量的蛋白质、脂肪、碳水化合物、维生素、矿物质和益生菌等，以满足婴儿生长发育的需求。

配方奶的选择是需要慎重的，配方奶的转奶是需要技巧的，配方奶的配料表是需要看明白的，配方奶地冲调是有学问的，配方奶的喂养是有方法的。

39. 配方奶应该什么时候添加

如果新妈妈的母乳产量一直没有得到改善，比如少数新妈妈泌乳二期延迟的时间过长，产后 7~10 天才下奶，婴儿已经出现了以下的情况：婴儿的体重持续下降，已经超过了 7% 的警戒线，婴儿的尿量没有达到相应的次数，尿液的颜色是深黄色，或者已经出现了尿酸盐结晶，婴儿排出胎便很少，排出时间过长，5~6 天还没有排完，胎便的颜色没有发生相应的改变。出现以上情况就需要立刻添加配方奶，根据情况可以用乳旁加奶器，或者是用注射器、勺子、杯子、奶瓶，给婴儿添加配方奶的同时用手挤奶或者是用吸奶器吸奶，来保证乳汁的有效移出，维持新妈妈泌乳量。

40. 随意添加配方奶的危害是什么

现在市面上，配方奶添加得很随意，新妈妈和婴儿对于配方奶依赖得都很严重。谁不想婴儿生长发育得好呢？但配方奶还是不能随意添加的，太多的案例证明配方奶添加存在一定的隐患。为什么有爱婴医院，为什么有国际泌乳顾问协会呢？它们都在一遍一遍普及母乳喂养的重要性。过早地添加配方奶本身是有风险的，婴儿第一口吃母乳，会降低今后在喂养过程中发生过敏的风险。婴儿第一口奶所起到的作用，是任何一款婴幼儿配方奶粉都无法代替的，这也是为什么我们国家不允许一段奶粉打广告。比如大家熟知的“二月闹”其实就是喂养不当造成的肠胀气、肠绞痛等肠道疾病。另外，过敏、糖尿病、肥胖和代谢性疾病、坏死性小肠结肠炎的风险都会增加。还有，补充了配方奶，婴儿吃母乳的量就会下降，对新妈妈的乳房刺激不够，可能会造成新妈妈奶量进一步减少，然后就真的变成了奶少。混合喂养的方式，也可能导致婴儿乳头混淆，对新妈妈乳房接受度下降。总之，添加配方奶是很谨慎的。所以配方奶的补充原则是不需要补充的时候不能补充，需要补充的时候一定要好好地补充。

婴儿和新妈妈因为各种问题造成衔乳不佳，经过调整没有得到改善。比如婴儿的口腔问题、婴儿低体重、新妈妈的乳头严重凹陷，这些情况首先考虑把母乳挤出来喂养婴儿。

41. 奶瓶喂养有哪些技巧

现在混合喂养很普遍。混合喂养必备的工具是奶瓶。奶瓶喂养也是有技巧的，核心就是模拟亲喂。也就是国际泌乳协会推荐的卡辛瓶喂法，错误的奶瓶喂养会导致婴儿出现胀气、过度喂养、乳头混淆等问题。

（1）奶瓶的选择。新妈妈选择合适的奶嘴时，首先要选择更接近新妈妈乳头的奶嘴。不要选乳头管径长的，长的容易引起婴

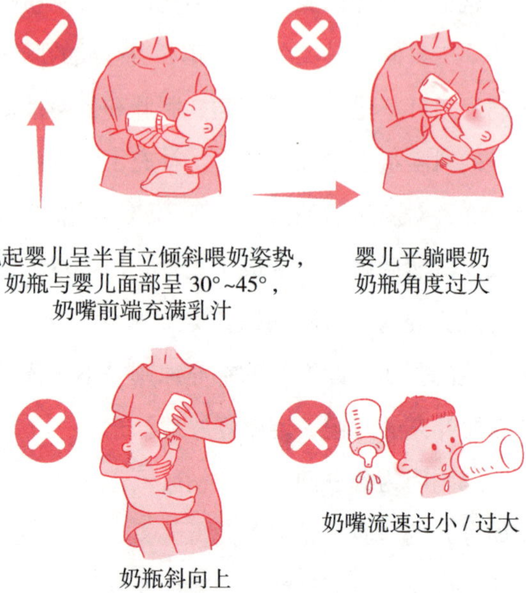

儿不适，不接受奶瓶喂养。选择出奶孔最小的奶嘴。奶瓶选择宽口径奶瓶。

（2）正确地抱姿。将婴儿抱着喂，卡辛瓶喂法——婴儿身体尽量坐直，不要躺着喂，奶瓶的角度以接近水平的状态喂奶，降低奶水的流速，可以让婴儿调整吸吮的节奏，只要保证奶嘴最前端充满奶水，不要高举奶瓶，甚至把奶瓶竖起来呈 90° ，这样奶水的流速会过快。

（3）正确地衔乳。喂奶之前，先用奶嘴触碰婴儿的嘴唇，婴儿张大嘴巴来寻找奶嘴，顺势喂给婴儿，此时婴儿的上下嘴唇外翻，下嘴唇含住比较多的奶嘴，不要将奶瓶直接塞到婴儿口中，这样可能引起婴儿反感。

（4）正确的节奏。瓶喂正确的节奏是吃停吃停，新妈妈的奶阵就是这样的节奏。婴儿吃几分钟，我们就将奶瓶往下放，奶嘴依然留在婴儿口中，10~20 秒后再把奶瓶放置水平，只要奶嘴充满奶液就可以。让婴儿调整呼吸后再继续吸吮。如果婴儿吃得慢或者不吃了，不要摇晃奶瓶或者敲瓶底催促婴儿。整个奶瓶喂养过程可能需要 15~20 分钟。

42. 奶瓶喂婴儿常见的错误有哪些

在实际奶瓶喂养过程中，其实很多哺育者是不会用好奶瓶这个工具的。也就是造成实际的结果：肠胀气、肠绞痛、过度喂养、排便问题（过稀 / 过干）、厌奶的婴儿很多。

奶瓶喂养的常见错误使用方法如下：

（1）奶嘴出奶孔过大。奶嘴出奶孔的大小需要和婴儿的吞咽能力相匹配，出奶孔过大会使乳汁流速过快，容易使婴儿过度喂养，同时也很容易造成呛奶。建议最开始选择最小号的奶嘴，后续没有特殊情况也不需要更换奶嘴。

（2）喂奶速度过快。把奶瓶竖着给婴儿喂奶，婴儿还没怎么吸吮，乳汁就很快地流入婴儿的口中，中间没有任何间歇，让婴儿一口气把奶喝完。这种瓶喂方式首先增加婴儿呛奶和脏器的风险，还会让婴儿过度喂养。瓶喂流速过快是过度喂养的重要原因，过快的流速还会让婴儿产生流速和流量混淆。如果是混合喂养的婴儿，很可能造成乳头混淆。新妈妈亲喂的时候，乳汁是成奶阵地流出，来的时候流速快，接下来又慢了，婴儿会有喘息的机会。

（3）含乳不正确。奶瓶喂养时，大部分的奶嘴都设计得比较长，婴儿只需含住前端一点点奶嘴，就可以吃到乳汁，乳汁的流速太快，婴儿还会用嘴唇咬住奶嘴，用舌头抵住奶嘴，婴儿不需要用力吸吮，乳汁就会流入口中。婴儿吸吮新妈妈的乳房时，通常嘴巴会张得很大，乳头拉长在婴儿的硬腭和软腭的交界处，上下嘴唇外翻，舌头在乳头的下方像勺子一样裹住乳头。婴儿的舌头、下颌和嘴部的肌肉一起协同运动去吸吮乳汁。这是两种不同的吸吮方式，奶瓶喂养可能会让婴儿产生吸吮方式的混淆。如果婴儿用这种吃奶瓶的方式来吃新妈妈的乳头，就会造成新妈妈乳头的损伤，也会由于吃母乳时感到很费劲而放弃母乳。

（4）在婴儿哭闹的时候喂奶。有人觉得婴儿哭闹的时候张大嘴巴很容易把奶瓶塞进去，这样做只会引起婴儿的恐惧和反感。同时，也会有呛咳的风险。

43. 婴儿为什么不愿意接受奶瓶喂养

不愿意接受奶瓶喂养常见于稍大的婴儿。通常情况是妈妈的奶水不足了，或者需要母婴分离（上班）。这时候婴儿即使饿了有需求，但是喝不到母乳，也不愿意吃奶瓶。

（1）吃奶模式被改变，吸吮的模式不一样，奶瓶的流速和流量也可能与新妈妈亲喂的不一样。吃奶嘴的感觉也跟吃新妈妈乳头的感觉不一样，奶嘴是硬硬的，新妈妈的乳头是软软的，奶嘴的形状不能被改变，新妈妈的乳头可以在婴儿的嘴巴里被塑形。还有就是冷冻母乳的脂肪酸被氧化后产生的腥味，有些婴儿会不爱吃。

（2）心理因素。奶瓶对于婴儿来说是一个新的东西，会引起不安，会让婴儿产生抵抗。奶瓶的出现往往伴随新妈妈消失，婴儿会感到恐惧，6 个月以前的婴儿会觉得他和新妈妈是一体的，新妈妈的消失会让婴儿产生分离焦虑，对于新妈妈来说也会产生分离焦虑，更何况是婴儿。

（3）婴儿本身的偏好。婴儿到了某个阶段会出现明显的选择偏好，比如混合喂养的婴儿会突然不接受奶瓶，或者突然不接受乳房。

44. 怎样让婴儿接受奶瓶喂养呢

（1）让婴儿接受奶瓶喂养，我们要有耐心。婴儿接受与新妈妈分离和接受奶瓶喂养这件事是一样的，我们要给婴儿足够的时间和尝试的机会，新妈妈首先就不能焦虑，婴儿会感受到新妈妈的情绪。

（2）选择形状和口感比较接近新妈妈乳头的奶嘴，天冷的时候可以加热一下奶嘴，选择最小号的奶嘴去控制流速，尽量减轻婴儿的抵触。

（3）喂奶的时候可以模拟亲喂的姿势，或者尝试不同的姿势。找出婴儿最喜欢的姿势。

（4）用新妈妈的防溢乳垫，挤上一些新妈妈的乳汁。这样有新妈妈的味道，把防溢乳垫盖到婴儿的脸上，这时候在奶嘴上涂一点母乳，在奶瓶里放上乳汁，引导婴儿吸吮。

（5）新妈妈可以先尝试亲自用奶瓶喂婴儿，减少婴儿的不安全感。当然也可能造成这种情况，就是新妈妈在的时候，婴儿就是要新妈妈亲自哺乳，不肯用奶瓶。如果是这样，新妈妈可以暂时离开，让其他人来喂婴儿吃奶，喂完以后新妈妈再出现。

（6）在不同的地方、不同的时间段尝试奶瓶喂养，比如在没有新妈妈气味的地方，婴儿没有想到新妈妈的时候，可能会更愿意用奶瓶，婴儿在心情好的时候，可能更愿意尝试奶瓶，在晚上睡觉前意识最薄弱的时候进行奶瓶喂养，也就是所谓的迷糊奶。

（7）如果婴儿就是不愿意接受奶瓶，可以尝试通过勺子、鸭嘴杯、吸管杯等工具进行喂养。注意其他方式喂养婴儿，也要有耐心，婴儿吞咽功能很差，婴儿是通过舔舐吃奶的，大人太着急的话就容易引起婴儿的混淆和呛咳。鸭嘴杯和吸管杯适用于 6 个月以上的婴儿。婴儿 1 岁以后要尝试停止使用奶瓶，2 岁的时候要完全停止使用奶瓶。

八、配方奶的分类与风险

45. 配方奶有哪几种分类

（1）根据婴儿的月龄分为早产儿配方奶、足月儿配方奶、较大婴儿配方奶粉以及幼儿成长配方奶粉。

① 早产儿配方奶。早产儿是否要吃早产儿配方奶需要根据医生的建议。早产儿配方奶有更高的蛋白质、更多的低聚糖、更多的矿物质和更容易消化的脂肪。早产儿配方奶不适合体重增长不足的足月儿，足月儿并不一定可以吸收那么多东西，成分过量不一定是好事。

② 足月儿配方奶又分为一段、二段、三段。足月儿配方奶是跟随母乳的变化来分段的，婴儿每个阶段的需求不一样，不要跨阶段吃。

③ 较大婴儿奶粉以及幼儿成长奶粉多为牛奶蛋白配方奶，蛋白质含量提高，部分乳糖被玉米糖浆或者蔗糖取代。多添加各种钙、铁、维生素 C、维生素 E、维生素 D、维生素 A，但是含量比婴儿配方奶低。较大婴儿配方奶不是必需品，一岁以上的幼儿可以喝鲜奶和一般的配方奶。

（2）根据糖类的不同分为乳糖和无乳糖。配方奶粉都是含有乳糖的，无乳糖配方奶粉也叫腹泻奶粉，用玉米糖浆、蔗糖、麦芽糖糊精或者葡萄糖聚合物代替乳糖，适用于半乳糖血症、继发性乳糖不耐受。这种奶粉包装上面写着特殊医学用途、婴儿配方食品，不能自己随意吃，需要遵医嘱。豆蛋白奶粉用豆蛋白取代牛奶蛋白，糖换成玉米糖浆糊精，适用于半乳糖血症。

（3）根据蛋白质不同分为牛奶蛋白、豆蛋白、水解蛋白。牛奶过敏的婴儿，有一部分还会对豆蛋白过敏。这种奶粉，铝的含量很高，影响钙吸收，如果过量会影响神经发育。蛋白质是一个一个的氨基酸，中间用肽键连接，如果牛奶蛋白过敏，为了降低过敏率，把蛋白质切断，根据切断的程度分为部分水解配方、深度水解配方、游离氨基酸配方。适用于牛奶蛋白过敏、顽固腹泻。水解程度越高，口感越苦，价格越高。这些奶粉的包装上面都写着特殊医学用途、婴儿配方食品，不能随意吃，需要遵医嘱。

（4）根据形态不同分为配方奶粉和配方液态奶，也就是水奶。配方液态奶的成分并不比配方奶粉优越，无菌包装，无须冲调，可以常温喝，更方便。市面上大多数都是有奶嘴的，可以直接喝，加热时可以用温奶器连皮一起加热，打开以后婴儿喝多少倒多少，没有喝完的可以冷藏在5℃以下的冰箱里，存放不超过24小时。

（5）羊奶粉。①由于羊奶粉不含凝集素，分子比较小，容易吸收，易消化。②羊奶中 αs1–酪蛋白含量较低，因此对部分牛奶蛋白过敏的婴幼儿可能更耐受羊奶粉（但并非完全不致敏）。③羊奶酪蛋白以更易分解的 β–酪蛋白为主，而牛奶以 αs1–酪蛋白为主（致敏性较高）。所以商家宣传羊奶粉不容易过敏。羊奶中矿物质钙、磷、钠、钾高于牛奶，但是缺乏铁、叶酸、维生素 B_{12}。羊奶粉兴起的时间比较短，市场占有量比牛奶粉少些。临床试验和研究数据不是很多。

46. 配方奶粉和母乳都是有菌喂养，为什么配方奶不安全

配方奶粉不是无菌的，我们知道母乳是有菌喂养，但是奶粉跟母乳不一样，母乳是有益菌群，奶粉含有害菌。最常见的就是阪崎肠杆菌和肠道沙门氏菌，在原料里、在生产过程中、在包装里、在冲调环境里都可能产生。阪崎肠杆菌会引发感染、坏死性肠炎、败血症、脑膜炎、脑梗死等，对早产儿和低体重儿的影响尤甚。奶粉的原材料、生产和包装过程需要商家和质检部门把控，奶粉的冲调规避细菌的风险则需要我们自己把握。

母乳喂养其实是有菌喂养。婴儿吸吮新妈妈乳房时，首先接触的是乳头上需要氧气才能存活的需氧菌，然后是乳管内不需要氧气也能存活的厌氧菌和乳汁。母乳喂养的有菌性能促进婴儿肠道正常菌群的建立，不仅利于母乳消化吸收，还能促进免疫系统的成熟。乳晕上的蒙哥马利腺会散发出特殊气味。婴儿寻味儿而至并增加安全感。母乳喂养本身也是带菌喂养，乳汁中也是有细菌的，婴儿会从乳汁中获得益生菌。

47. 配方奶喂养有什么样的风险存在

相比母乳喂养，配方奶喂养存在一些值得父母关注的风险：

（1）营养与保护性成分差异。配方奶无法完全复制母乳的独特成分（如活性抗体、酶、激素、益生菌、干细胞等）。这些物质为婴儿提供即时免疫保护和长期健康益处（如降低中耳炎、腹泻、呼吸道感染、坏死性小肠结肠炎等风险）。母乳成分是动态变化的，精准匹配婴儿不同阶段需求，这是配方奶难以企及的。

（2）感染与疾病风险增加。缺乏母乳抗体：配方奶喂养的婴儿更易患腹泻、肺炎、中耳炎等感染性疾病，住院风险也相对较高。配方奶污染风险：奶粉可能在生产、运输、储存或冲调过程中被细菌污染（如阪崎肠杆菌、沙门氏菌），操作不当（水不洁、奶瓶消毒不彻底）更会加剧风险。长期健康影响：研究提示，配方奶喂养可能轻微增加未来肥胖、1 型和 2 型糖尿病、某些过敏性疾病（如湿疹）的风险。

（3）消化与过敏问题。配方奶（尤其牛奶蛋白配方）更易引发消化不良、便秘、胀气等不适。牛奶蛋白过敏风险高于母乳喂养。即使选择水解配方，也无法完全杜绝过敏可能。

（4）喂养操作风险。冲调不当：水温过低无法杀灭病菌，水温过高破坏营养并烫伤婴儿。浓度不准：过浓加重肾脏负担，过淡致营养不良。喂养器具清洁不足：奶瓶、奶嘴消毒不彻底是重要污染源。过度喂养风险：奶瓶流速相对较快，易导致婴儿摄入过多，增加肥胖隐患。

（5）成本与便利性考量。经济负担：优质配方奶价格不菲（每月常需千元左右），加上奶瓶等消耗品，长期是一笔可观开支。便利性不足。便利性：需随身携带奶粉、热水、奶瓶，冲调需时间，不如母乳喂养方便、卫生、温度适宜。

（6）母亲的影响。配方奶喂养无法提供母乳喂养带来的自然避孕效果和降低母亲患乳腺癌、卵巢癌、骨质疏松等风险的健康益处。

48. 冲调奶粉需要注意的关键点是什么

（1）清洁双手和奶瓶、奶嘴。

（2）冲调的水温。通常一罐奶粉食用时间是一周。大多数时候采用混合喂养。随着时间的推移，奶粉开封后的暴露和氧化，每增加一周，就要增加 5~10℃的水温。提高水温是为了杀灭奶粉中的阪崎肠杆菌。但是最高不要高于 70℃，70℃可以杀死部分有害细菌，奶粉罐上面写着用 40℃的水冲泡，但是一周内吃不完是需要用 70℃水冲调的。养育者更多地要去衡量保护奶粉中微乎其微的维生素重要还是安全更重要。

（3）冲调的配比。配方奶粉一定要严格按照说明书的配比，勺子装满奶粉，在罐口刮平，往水里加奶粉，而不是往奶粉里面加水。

（4）配方奶的融合。手腕轻微旋转，使奶粉和水充分混合，不要上下摇晃，可以按压奶嘴上面的排气孔排气。

（5）配方奶的存储。让配方奶快速冷到37~40℃，试完后就可以喂婴儿了。配方奶的存储和加热需要注意，每次冲调的配方奶2个小时内没有喝完的，丢弃处理，如果是冲调后迅速冷却到5℃以下，可以延缓细菌繁殖，配方奶可以储存不超过24小时；加热的时候，用暖奶器或者是流动的温水加热，温度最好不要超过42℃，轻轻地旋转摇匀，不要用微波炉加热。

Part 3

泌乳指导

在经历十月怀胎及一朝分娩之后，新妈妈迎来了可爱的婴儿，同时也进入了哺乳期。世界卫生组织和联合国儿童基金会建议婴儿6个月内应纯母乳喂养，并在添加辅食的基础上持续母乳喂养至2岁甚至更长时间，这是最科学、最有效的喂养方法。母乳的成分不仅包括大众熟知的蛋白质、碳水化合物、脂肪、矿物质等营养成分，相关专业研究机构还指出母乳内含有四百多种其他成分，现有市场在售的配方奶中的成分也只有四十多种而已。因此，如何最大限度地提高泌乳量，成为当今热门的话题。受体质、乳腺条件、喂养方式等多种因素影响，部分新妈妈奶水不足，甚至无法满足婴儿的日常喂养需求，从而衍生了许多“催奶汤”“催奶神器”“开奶手法”。其实催乳并不神奇，只要明白泌乳的底层逻辑，明白如何运用泌乳公式，绝大部分新妈妈都能顺利完成哺乳。

一、开奶

49. 母乳喂养真的需要开奶吗

在前面的章节里已经介绍过，开奶是产后最需要的一个服务项目。所谓开奶，是产后一周内通过母乳喂养师指导以及手法按摩，让新生儿顺利实现母乳喂养。一方面新妈妈通过母乳喂养师的指导了解泌乳的底层逻辑，知道乳汁是怎么产生的，帮助每位新妈妈坚定产后都有乳汁的信心。另一方面通过手法按摩开奶，来实现母乳喂养的成功。需要了解的是手法按摩开奶，开的是输乳管口，揉的是相关穴位，推的是乳腺导管。

开奶分为三个关键时间段：产后 1 个小时；产后 1~3 天；产后 3~7 天。这三个关键时间段做好了，母乳喂养的成功率就达到了 90%。

50. 产后 1 个小时的开奶应该怎么做

产后 1 个小时内进行乳房爬行就是开奶。让婴儿趴在新妈妈胸前，肌肤相亲，接触最重要，刺激吸吮反射。分娩后 1 小时内让婴儿吸吮乳房，第一次吸吮就是开奶。

具体做法：新生儿分娩出来后，最好分娩后 30 分钟到 1 个小时，有条件越早越好。产后的 1 个小时内为肌肤接触的黄金时间，是婴儿最清醒、觅乳反射本能最强烈的时候。肌肤接触不仅促进母婴情感上的紧密联系，也使新生儿的吸吮能力尽早形成。让婴儿和新妈妈进行肌肤接触，让婴儿在新妈妈的身上自主爬行，选乳、含乳和吸吮，吃到初乳。新妈妈和婴儿裸露胸口的肌肤最大面积地进行皮肤接触，新妈妈可以轻柔地抱着婴儿，看着婴儿，跟婴儿说话，婴儿光着身体趴在新妈妈身上，贴着新妈妈，感受到新妈妈熟悉的心跳，听到新妈妈的声音，闻到新妈妈的气味，婴儿在新妈妈的身上爬行，用手触摸新妈妈的乳房，用嘴巴舔乳房，开始自主选乳，吃上第一口奶，顺利地开启母乳喂养，建立新妈妈和婴儿的母婴关系。

51. 产后 1~3 天的开奶应该怎么做

母婴同室。新妈妈学会喂奶，婴儿学会吃奶。掌握三点："三早""三贴"，频繁有效。正确的母乳喂养指导，也是最简单实用的方法即母子肌肤相亲，频繁有效地吸吮，甚至是挂喂。挂喂，就是像挂在新妈妈身上一样，吸吮累了就趴在妈妈身上，睁眼了就"觅乳而（去）吃"。新妈妈要掌握正确的哺乳技巧，婴儿要学会吃奶的技巧。新妈妈刚生产后非常辛苦。哺乳与否是新妈妈的权利，一切建立在新妈妈愿意、高兴的基础上。母乳虽然好，新妈妈的意愿是第一位的。产后"三早"：早接触、早吸吮、早开奶。"三早"是成功的基石。产后的"三贴"：胸贴胸、腹贴腹、下颌贴乳房。"三贴"是成功的技巧。完成了"三早"和"三贴"就能实现母乳喂养的成功。

频繁有效哺乳。泌乳公式是：这次的泌乳量等于下次的输出量。有了这个公式，就很清楚乳汁的产生逻辑了，前方是婴儿的需求，后方是乳汁的输出量。婴儿吸吮次数越少，后方产能就越少，婴儿吸吮次数越多，后方产能就越大。所以要达到频繁的界限是一天不少于 10 次。在频繁的基础上还要达到有效，如果没有有效的吸吮，会有两个结果，无效的结果是不仅吃不出奶，还把乳头吃破溃了、皲裂，乳头在中医上又叫乳中穴，是人体三百多个穴位中最娇嫩的一个穴位，很多新妈妈反馈说“喂奶比生婴儿还疼”，这就是没有做到有效吸吮，所以这种忍痛哺乳要不得。乳头破溃的主要原因就是婴儿只吃到乳头了。有效的哺乳方法是婴儿不仅要吃到乳头，还要含住乳晕的三分之二，要吃到乳晕上的乳窦。这个乳窦犹如“水泵”，类同于楼房高层用水的加压水泵原理，通过乳窦“水泵”，才能加压给到乳汁，输出乳汁。

产后 1~3 天，新妈妈学会喂奶，婴儿学会吃奶。不用做任何催乳手法，绝大部分都能顺利实现母乳喂养。这是产后第二个时间段的开奶。

52. 产后 3~7 天的开奶应该怎么做

即便产后头 3 天的开奶很重要，还总会有各种原因造成部分新妈妈和婴儿没有做到母婴同室。母亲和婴儿没有建立连接，没有实现母乳喂养的成功。我们除了用到产后第一和第二个时间段的开奶方法，还需要添加手法按摩开奶了。开奶开的是输乳管口，揉的是相关穴位，推的是乳腺导管。

手法按摩开奶基础版：

物品：毛巾（两湿一干）、盆（一个）。介质：香油蜂蜜（1：1）或者羊脂膏。

步骤：

（1）乳头表面湿敷介质，保鲜膜保护。

（2）用热毛巾50℃左右，热敷乳房，时间5~10分钟（过长增加水肿不利出奶），敷的时候要避开乳头和乳晕。

（3）15分钟后清洁乳头去掉死皮。

（4）手展油梳法、8字法涂抹乳房体。目的是松弛乳房筋膜韧带，使乳房舒缓。

（5）十字开穴法见附件二。

（6）放射状梳法按摩乳房。

（7）刺激奶阵手法见附件二。

（8）婴儿吸吮或手排奶。手排奶方法见附件二。

备注：

（1）若婴儿吸吮，在刺激喷乳反射前清洁乳房。

（2）最好配合全程小口热饮。

二、漏奶

53. 为什么会漏奶

漏奶一般出现于哺乳初期。其实漏奶并不是一件坏事，而是哺乳初期经常会碰到的问题。在乳房受到婴儿的吸吮、衣服摩擦、喝一些热水或者热汤，甚至于听到婴儿哭时，乳汁都会不自觉地流出。不过这些漏奶的量是很有限的，常常是流一会儿就停止了，不会存在漏光的现象。一段时间之后，乳房适应了这些活动，乳房的肌肉也会慢慢地收缩自如，这些现象就会逐渐消失。

54. 漏奶会不会造成母乳不足？奶漏掉了好可惜，需要攒起来吗

漏奶不会造成母乳不足的情况。不同新妈妈对乳房胀奶的感觉差异很大。有一些新妈妈自觉从来不胀奶，就觉得自己奶少。还有一些乳房比较小的新妈妈比较容易感觉胀，是因为乳汁多起来了，乳房的内压增大了，也容易出现漏奶的现象。这些其实都是正常的。这里也提醒新妈妈，所谓母乳不足可能是假象，并非漏奶或感觉胀不胀奶造成的，需要多观察婴儿的大小便、体重，来评估婴儿吃的奶量够不够。

奶漏掉了好可惜，需要攒起来吗？其实大可不必。漏掉的乳汁量相对于分泌量来说，是微乎其微的，婴儿吸吮刺激产生的乳汁远远大于流出的量，其实漏奶本身是乳房自我保护的一种现象。

55. 为什么只有一侧乳房容易漏奶呢

没有两个完全相同的乳房，每一位新妈妈两侧乳房的结构和

泌乳量也是完全不相同的。可能新妈妈常抱着婴儿的那一侧泌乳量会多些，也更容易产生漏奶的现象。也可能是新妈妈一侧乳头的输乳管较为松弛，更容易喷出乳汁来。这些都是正常的现象。

56. 如何缓解漏奶呢

解决漏奶问题，新妈妈可以用干净的手掌心温柔地覆盖在乳头上，向乳房内轻压，并缓缓地转圈揉几下，漏奶即刻就停止了。不建议使用大力按压的方式去阻止乳汁流出，尤其是在胀奶的时候，时间长了容易造成乳汁的淤积。新妈妈可以使用防溢乳垫，但是需要及时更换，以免细菌滋生。

还有一种漏奶，是因为新妈妈气虚固不住乳。这种新妈妈的表现为非常容易出汗。新妈妈可以煮黄芪大枣水喝，起到补气的作用，气足了，自然就不漏奶了。

三、少奶

57. 新妈妈为什么一直不下奶？这种就是天生的乳汁少吗

下奶是指分娩后 72 小时，新妈妈仍然没有感觉到乳房充盈、肿胀等感觉。这其实是处于泌乳二期，泌乳二期延迟，不代表新妈妈没有乳汁，不代表新妈妈乳汁少，也不代表会哺乳失败。只是启动泌乳这个过程延迟了，我们要及时处理，这个及时处理不是马上添加配方奶，而是及时通过婴儿的吸吮刺激乳房泌乳。这个时候不及时通过婴儿的吸吮刺激乳房泌乳，可能真的会导致乳汁少或者哺乳失败，这是母乳失败最常见的原因之一。

很多新妈妈在产后第 4 天、第 5 天才下奶，也有一周之后下来奶的。

58. 怎么解决不下奶、奶少的问题呢

产后 72 小时没有下奶，新妈妈应该怎么做?

（1）在新妈妈、婴儿体力允许的情况下坚持频繁有效地吸吮。每天至少哺乳 10 次。

（2）袋鼠育儿法。即使新妈妈不会喂奶，婴儿也不太会吃奶，新妈妈也要让婴儿躺在自己胸口上，做好肌肤接触，肌肤接触能触发新妈妈爱的激素——荷尔蒙、泌乳素、催产素的释放，从

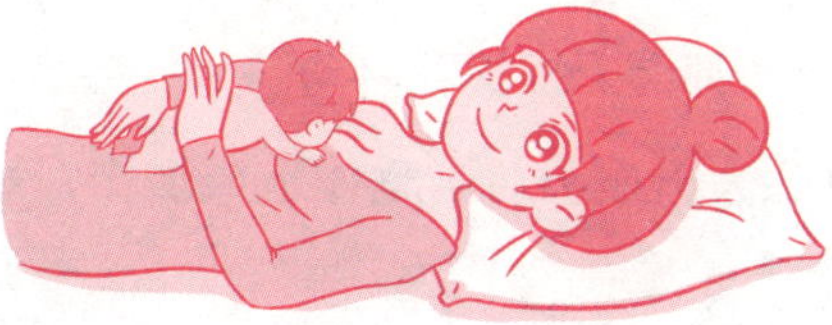

乳房爬行

而刺激乳汁的合成和分泌。同时肌肤接触能刺激婴儿与生俱来的觅乳反射。

（3）特殊情况，如难产、母婴分离，新妈妈通过用手挤奶和用吸奶器吸奶来维持泌乳。

（4）坚定是母亲就会有乳汁的信心，坚定先爱自己的原则。新妈妈先要做到吃好睡好不内耗。只有新妈妈恢复好了，才有精力和体力照顾婴儿。

（5）手挤奶，增加泌乳量。

（6）吸奶器吸奶，增加泌乳量。

备注：

手挤奶方法。

吸奶器方法。（具体手法见附件二）

59. 新妈妈延迟下奶的原因是什么

确实存在产后延迟下奶的，其原因有两方面：

（1）新妈妈的原因

① 新妈妈的激素问题。糖尿病、甲减、肥胖、多囊、激素水平和代谢异常，都会干扰泌乳启动。

② 大出血。大出血会对脑垂体造成损伤，影响泌乳素、催产素分泌。

③ 胎盘残留。残留的胎盘碎片会分泌孕酮，孕酮会抑制泌

乳素上升。

④ 剖宫产和无痛分娩。剖宫产可能会对婴儿的呼吸系统造成一些影响，还有麻药可以穿过胎盘对婴儿的吸吮力造成影响，硬膜外麻醉可以降低催产素水平。

⑤ 第二产程过长。难产会增加新妈妈和婴儿的各种并发症，从而影响哺乳。

⑥ 初新妈妈。经新妈妈如果曾经有哺乳，乳腺细胞经历过有效的刺激，泌乳素能更多更快地进入乳腺细胞，泌乳启动较快，而初新妈妈没有哺乳经历，泌乳启动相对较慢。

⑦ 新妈妈的乳头凹陷和乳头过大、过小都会影响婴儿含乳，导致下奶延迟。

⑧ 乳头凹陷和乳头比较大，大部分可以通过调整哺乳姿势引导婴儿张大嘴巴深含乳来解决。很严重的情况下，如乳头整个缩进去，连带着乳晕也往里凹；乳头比 1 块钱硬币大。这些情况下，婴儿可能会无法很好地衔接。但是非常少见。

（2）婴儿的原因

① 婴儿身体情况。早产儿、低体重儿，剖宫产、患有先天性心脏病或神经系统问题的婴儿，存在觅乳反射不强、吸吮力弱的问题。

② 婴儿口腔问题。舌系带过短、高腭弓、唇腭裂，不能很好地衔接新妈妈的乳头。

③ 不适当地给婴儿添加了配方奶或者糖水，导致婴儿吸吮的需求减少，对新妈妈乳头刺激不足。

60. 产后初期常见乳汁少的原因有哪些

（1）真性乳少

① 内分泌疾病。如甲减、妊娠期糖尿病、肥胖，等等。有一部分这样的新妈妈可能会乳少，但是通过治疗或者一些措施改善以后，乳汁量也是可以多起来的，所以大部分这样的新妈妈都可以做到全母乳喂养。

② 席汉氏综合征。由于产后大出血，尤其是伴有长时间的失血性休克，使垂体前叶损伤，功能减退，泌乳素分泌受到影响，从而导致乳少。这种情况非常少见。

③ 乳腺管发育不良。新妈妈自己还是胚胎的时候乳腺管发育不良，或者是小时候护理不当，造成乳腺管发育不良。通常不会完全没有乳汁，只是对乳汁量的上限有影响，只要不是全部乳腺管都发育不良，就可以实现纯母乳喂养。这种情况也非常少见。

④ 乳房手术导致神经被切断。比如隆胸手术对哺乳没有什么影响，缩小手术则有影响。也不会完全没有乳汁，就是对乳汁量的上限可能有影响，然后乳腺管的切口处乳汁可能容易淤堵。

⑤ 胎盘残留。胎盘残留会影响泌乳素分泌，影响乳汁量，但是做了清宫手术后，乳汁量是可以上来的。

但是，95%以上的新妈妈都不是真性乳少，绝大部分新妈妈的乳汁都是足够的，产后初期很多所谓的乳少，通过调整都是可以母乳喂养成功的。我们通常遇到的乳少，本质是乳汁量移出不足。大部分是人为造成的乳少，还有一些是突发性的乳少，如由生病、生气、月经、堵奶、乳腺炎造成的。

（2）人为乳少

产后初期人为乳少的原因有以下几点：

① 信心不足。有很多新妈妈错误地以为，所谓的乳少体质是普遍存在的，她们并不知道，真性乳少其实是非常少见的。很多新妈妈在产后初期缺乏信心，新妈妈的乳房泌乳量没有可衡量的依据，婴儿到底吃了多少新妈妈心里是没有数的，倘若新妈妈没有听到婴儿的吞咽声，哺乳过程中有时还会出现喂养时间过长、过短、婴儿哭闹等情况，新妈妈经常会把这些都归结为自己乳汁不够造成的。

② 吸吮不足。新妈妈没有做到每天 8~12 次的有效哺乳，乳汁移出不够，婴儿对乳房的刺激也不够。

③ 过量添加配方奶粉。产后的 1~2 天，泌乳二期还没有到来，虽然初乳很少，但是跟婴儿的胃也是匹配的。有些人会凭感觉，认为婴儿没有吃饱，怕婴儿饿到了，就给婴儿添加了配方奶粉，导致婴儿的吸吮需求减少，对新妈妈乳房刺激不够，然后真的导致乳少了。如果用了错误的补喂方式，还可能导致婴儿乳头混淆，不吃新妈妈的乳头。

④ 新妈妈跟婴儿需要更多的磨合。产后初期，婴儿的口腔问题，新妈妈的乳房问题，还有哺乳姿势不熟练，可能导致婴儿

含乳不佳，乳头损伤，乳汁移出不够。有时候可能需要专业的母乳指导师的协助。随着新妈妈和婴儿越来越熟悉，新妈妈和婴儿也会找到适合自己的方式。随着婴儿的长大，会磨合得越来越好。

61. 产后中后期人为乳少的原因有哪些

（1）供需平衡。这个时候，很多新妈妈觉得乳房不胀了，感觉不到奶阵了，于是认为是乳汁量不足，然后准备添加配方奶粉。

（2）婴儿的生长发育。比如猛长期的吸吮需求，肠道不舒服、哭闹，睡眠模式变化，这些情况引起婴儿的频繁吸吮，都会给新妈妈和家人带来困扰，认为是乳汁量不足，开始添加配方奶粉。

（3）婴儿由于某些原因拒绝乳房，乳头混淆，乳汁移出量减少。

（4）有些新妈妈上班后，没有时间挤奶或者挤奶不方便，移出乳汁的次数不够，导致乳汁移出量减少。

62. 解决乳少的操作手法有哪些

乳少怎么解决？没有奶阵怎么排出乳汁？主要还是通过刺激乳房多来奶阵，继而引发喷乳反射，然后排空乳房。理论依据就是泌乳公式：这次的排出量等于下一次的泌乳量。

（1）热敷。对于没有包块，没有胀感的乳房，可以热敷10~15 分钟。也可以在热水中浸泡乳房，并且在热水中上下左右抖动乳房，其目的是促进血液循环，从而促进乳腺的分泌、扩张血管、提高局部代谢。

（2）十字开穴法见附件二。

（3）刺激喷乳反射手法见附件二。

（4）手排奶法见附件二。

四、追奶

63. 怎样正确评估乳汁量是否充足

乳汁量是否充足，可以通过婴儿的排泄来倒推。根据新生儿大便颜色的变化来判断婴儿的摄入是否充足。

（1）从排便的量和颜色上判断

新生儿出生后，每隔 24 小时至少需要排 1 次大便，很多婴儿会排 2~6 次。刚开始的时候排出的是胎便，胎便的颜色为黑色，质地黏稠，没有气味。有些婴儿的大便特别黏稠，堵住肛门，可能需要对肛门进行刺激以便胎便排出。出生 48 小时后，排便的颜色变成墨绿色，然后变成棕色，直到最后变成黄色，这是由于胆红素随着大便排出来，正常大便的底色应该是黄色。胎便 2~4 天排完，后面就是黄色的稀糊状的新生儿便。

第 5 天开始，婴儿每天至少排便 3 次，每次至少有一个 1 元硬币大小，颜色为金黄色。月子里的婴儿每天至少排便 1 次。大一点的婴儿，一天会排便几次或者几天排便 1 次，只要婴儿状态好，体重增长好，那么都是正常的。

（2）小便的量和颜色

① 新生儿在出生后 24 小时内，都会排尿，新生儿出生后一般排尿在 1~6 次不等。但是由于现在都使用纸尿裤，我们不好判断每天排尿几次，一般就通过观察尿的颜色来判断，如果呈透明或者浅黄色，就是正常的。如果呈深黄色，提示可能摄入不足，需要结合其他指标进行评估。

出生 1 周后，婴儿每天应该有 6~8 次小便，才可以满足生长的需要，8~10 次小便，代表摄入挺好，10~12 次就代表摄入非常好。不同的婴儿，尿量次数会有所差异，但是最少不应该低于 6 次。

② 新生儿在产后可能会出现粉色结晶尿。一种情况是摄入不足，尿液过度浓缩导致的。另外一种情况是新生儿之前积存的结晶尿被冲出来了，这种情况一般出现在产后的 1~5 天。我们

结合别的指标去看婴儿的摄入，评估很多时候不是单独看某一个指标，而是多个指标结合在一起看。虽然出现结晶尿，但是别的指标都好，那就没有关系，是正常的生理现象。在产后 1 周出现结晶尿的话，就有可能是摄入不足导致的。第一个 24 小时没有排大、小便的新生儿，要及时咨询医生。也有可能是已经在产房大、小便了。排便一直都是非常重要的指标，反映当前婴儿的摄入情况，我们要重点关注。

64.“三步追奶法”是如何操作的

利用泌乳公式的原理分步追奶。泌乳公式的原理就是这次的排出量等于下次的泌乳量。

一天当中挑一段最为清闲的时间，总时长一个小时。

（1）新妈妈先亲自哺乳，不管新妈妈的乳汁多少，先亲喂，移出乳汁，尽可能地移出。

（2）用手挤奶，步骤如下：

① 刺激泌乳。模拟婴儿吸吮状态刺激泌乳模式开启。先用按门铃的方法点按乳头 1~3 分钟，然后拿捏乳头和乳晕 1~3 分钟。手法要轻。或者用棉柔巾一上一下轻扫乳头乳晕，或者用毛笔刷轻扫乳头乳晕，当看到乳晕上的乳窦鼓起，或者有的新妈妈是乳晕起皱褶了，就是泌乳刺激达到了。

② 手挤乳汁。一手托起乳房复位，这是一个关键点，只有

托起乳房，所有血脉经络才会在原位上。一手呈 C 字形按压在乳晕边缘，垂直向胸壁按压挤出乳汁。由于已经用了刺激泌乳的手法，这时会看到有乳汁向外喷出，如此反复按压，直至没有乳汁流出。

③ 疏通乳腺。一手托住乳房，另一手从乳房基底部向乳头方向做梳法或直推法，疏通乳房。

④ 再次运用刺激泌乳的系列手法，手挤乳汁，疏通乳腺。如此反复三次。

在手挤乳汁的整个过程中，注意乳汁的收集。每侧乳房手挤乳汁 10 分钟。

（3）抖“房子”。把事先准备好的大葱葱白和葱须一同煮水，葱白葱须有散结通络通脉的作用。煮 5~7 分钟，然后晾凉至 50℃，将双侧乳房放入盆中抖动，在抖动过程中，有些新妈妈会看到乳汁从乳头喷出。在热水中抖动 5~7 分钟。重复步骤（2）用手挤奶的方法排乳。这次将会看到排出的是浓稠的乳汁。这时候就能把“后奶”排干净。通过一天一个小时，三步追奶法，连续操作七天，乳量自然就上来了。

65. 追奶有技巧吗

追奶的技巧就是用好泌乳公式。泌乳公式就是这次的排出量等于下次的泌乳量。

（1）做到频繁有效地吸吮或者排出。频繁：每天移出乳汁10次左右，每次刺激和排空双侧乳房，每边排奶10~15分钟。有效地吸吮指的是婴儿要吃到乳头和乳晕的三分之二，不是光含住乳头。正确地吸吮才能追奶成功。亲喂次数不够的，额外用手挤奶和用吸奶器来补足次数。

（2）每天喝到的汤水要达到2500mL。这个量包括喝水和粥汤的量。怎样喝汤水，才能达到乳汁中呢？当我们渴了大口大口地喝水，只能解渴，然后都代谢到尿液中排出体外了。小口小口地喝，也叫“啜饮”。分散到每个小时去喝，才能参与到乳汁中。另外不要喝油汤，多喝大米汤，大米汤是滋阴的，更能够滋润新妈妈的身体。每天15~17点是膀胱经运行的时候，这时候喝自己喜欢的热饮，慢慢地小口喝，喝到后背微微冒汗。这样不仅有利于追奶，还可以利用膀胱经运行的时间，通过水的代谢排毒。

（3）亲喂。换边追奶的时候不能攒奶，每次两边乳房都需要吃空排空。新妈妈追奶可以在奶阵来的时候给婴儿换边，两个乳房的奶阵是同时来的，吃一边的时候，虽然另一边的乳汁有一部分会回流到腺泡里面去，但还是可以吃到的。当婴儿吃完一边的奶阵，给婴儿拍拍嗝，然后换到另外一边继续吃，可以刺激出更多的奶阵，移出更多的乳汁，每次哺乳可以换边2~4次。

66. 如何从混合喂养转到纯母乳喂养

从混合喂养到纯母乳喂养，循序渐进。有一部分新妈妈是白天母乳喂养，夜里喂配方奶。想要实现纯母乳喂养，夜间必须有效的泌乳，包括亲喂或者吸奶器吸乳。新妈妈要实现追奶成功，就要懂得泌乳原理，夜里是泌乳素分泌的高峰。也就是说夜里的泌乳量是高于白天的。夜间母乳亲喂有助于追奶。为了不影响新妈妈休息，也可以夜里用双边电动吸奶器，通过电动吸奶器排奶 2 次。尤其是后半夜要有一次排奶。第一步实现夜间全母乳亲喂，紧接着早上的第一顿奶实现全母乳喂养，再接下来慢慢地减掉白天奶粉的次数。

减掉配方奶粉分两种情况。当新妈妈的乳汁量慢慢地开始增加之后，就要一点点地配合着减掉配方奶粉的用量。第一种情况，乳汁量缺口比较小的，例如，每天给补充 2~3 次配方奶的，先减掉一顿配方奶，隔两天再减掉两顿配方奶，循序渐进地减配方奶。第二种情况，如果乳汁量缺口比较大，新妈妈形容自己的乳汁就是“解馋”用的。这种情况建议每一顿母乳和配方奶都要摄入，先母乳再来配方奶以保证婴儿的摄入。生长曲线在 15% 以下的婴儿，这种情况减配方奶的时候是每顿减一点点配方奶，例如，每顿从 10mL、15mL 开始，慢慢地减。首先需要保证婴儿充足地摄入。减奶粉的时候一定要密切关注婴儿的排尿量，每天不能低于 6 次，尿液颜色为透明或者淡黄色，如果尿量不够，颜色是深黄色，要及时地把配方奶加起来。

67. 追奶手法有哪些

追奶手法的本质是在一定时间内，尽可能多地刺激出奶阵，然后高效地把乳汁排出来，排出得越多，大脑就会认为需求越大，然后刺激分泌各种激素，产生更多的乳汁。总结起来就是刺激喷乳反射的过程：刺激—排空—刺激—排空。刺激奶阵手法见附件二。

先用手法刺激奶阵，奶阵来了之后开始排乳汁，排到乳汁量流出明显减少，然后接着刺激奶阵，奶阵再次来后接着排乳汁，最后一个奶阵尽可能地排空。如果新妈妈感到乳头疼痛，乳头有损伤，不要做这些手法，需要修复乳头损伤、康复以后再做这些手法。

乳根部的乳汁比较不容易排出，如果短时间排不空，排除乳房“红肿热痛”后，最简单的方法，一是热敷，二是准备一个热水盆盛满热水（以自己能够承受的热度），俯下身，把乳房浸泡在热水中，并且抖乳房。由于热水的刺激，乳腺管舒张、扩张，同时也由于重力的原因，乳房后部的乳汁顺利抵达前部，再通过手法疏通排出乳汁。这时会很顺畅地排出滞留在乳房基底部的后奶。

双侧乳房地追奶手法的总时间控制在 1 个小时左右，时间不要过长，以免损伤乳头。

追奶的手法就是这么简单，乳汁量增加的本质就是多刺激乳房、多排空。很多新妈妈的执行力很好，在家会给婴儿多吸，用吸奶器辅助吸奶，自己再做一些追奶手法，奶量很快就追上来了。

备注：一侧乳房排出部分乳汁后，接着排另一侧乳房的乳汁，然后再继续刺激奶阵，而不是一侧乳房排了，另一侧乳房没排，就再次刺激奶阵。因为奶阵如果没有及时排出，会回流一部分。如果两侧乳房同时操作，效果会更好，如果新妈妈用吸奶器追奶，也是双边的吸奶器效果会更好。

68. 为什么要运用经络追奶呢

人体 12 条经络，其中经过胸部循行的经络有 9 条。在中医理论中，“经络追奶”是指通过调理经络来促进乳汁分泌的方法。原理就是中医对于气血运行、脏腑功能与经络系统的整体认识，核心在于疏通经络、调和气血、激发脏腑功能尤其是脾胃和肝的功能，从而改善乳汁生化与疏泄的生理过程。

乳汁生成的生理基础（中医视角）。(1) 乳汁为气血所化生。《妇人大全良方》指出：“乳汁乃气血所化，脾胃为气血生化之源。”脾胃将水谷精微转化为气血，气血充盈是泌乳的基础。肝主疏泄，调节乳络；肝气条达则乳汁排泄通畅；若肝郁气滞，可

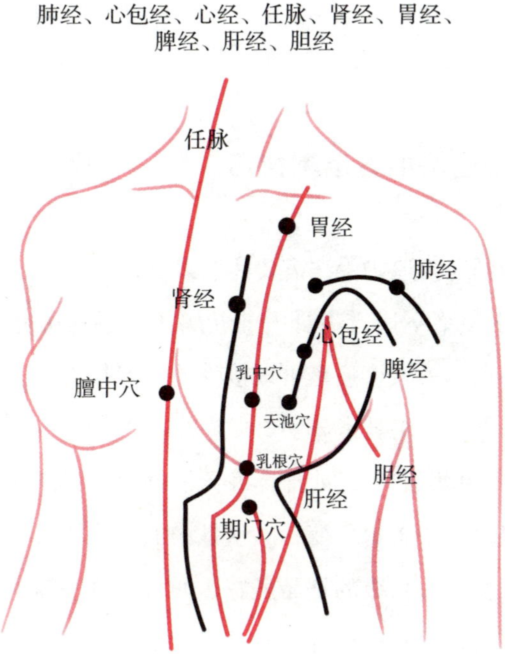

致乳络阻塞、乳汁淤积或分泌不足。肾为先天之本，肾精滋养冲任二脉，与乳腺发育及泌乳功能相关。（2）经络是气血运行的通道。乳房与多条经络直接相连，足阳明胃经贯穿乳房正中（乳中穴），主导气血供应；足厥阴肝经布于胸胁，调节乳汁疏泄。冲任二脉起于胞宫，上行至胸，与乳腺发育密切相关（冲为“血海”，任主胞胎）。

中医“经络追奶”的本质，是通过刺激与乳房相关的经络穴位（胃经、肝经、任脉等），调和气血、疏肝解郁、健运脾胃，恢复“气血化生—乳络通畅—乳汁排泄”的生理链，最终实现泌乳功能的提升。

69. 经络追奶的方法和技巧

（1）运用经络追奶手法需要注意以下几点：

① 对于经络不通、不受力的新妈妈，手三阴经和足三阴经可以做轻一点，一般疼痛是可以接受的，但是不要让新妈妈感觉特别痛，否则影响泌乳素分泌。

② 做完追奶后的 2 周内，每天根据自己的体质调理饮食。另外新妈妈不要谈碳水色变，碳水是增加身体能量，也是脾胃最容易吸收的物质。高级的补品虽好，如“阿胶”等是产后补养的佳品，但是还是要看产后的体质是否适合。摄入碳水，保障身体有合适的热量盈余，新妈妈不要担心会长胖，多余的热量不会变成脂肪储存在身上，而是最大限度地转化成乳汁。追奶手法得当可以让经络通畅，调动气血运行。结合每位新妈妈的饮食喜好和体质，配合专门的食谱，效果会更好。

（2）手法开奶经络版。（见附件二）

① 推经络手（三阴经、三阳经）、足（三阴经、三阳经），方向不能错，各揉按 15 分钟。

备注：手之三阴从胸走手，手之三阳从手走头，足之三阴从足走胸，足之三阳从头走足。

② 最后重点刺激乳房穴位。

肺经：云门、中府

任脉：膻中

肾经：神封

脾经：天溪

心包经：天池

肝经：期门

胃经：气户、库房、屋翳、膺窗、乳中、乳根

70. 如何判断体质类型并根据体质调整饮食

追奶（增加母乳分泌）需结合个人体质进行饮食调理，中医体质理论认为不同体质需针对性补充营养，才能更有效地促进乳汁分泌。以下是几种常见新妈妈体质类型、出现的症状、追奶重点及对应的追奶食谱。

（1）体质类型、常见症状与追奶重点

体质类型	常见症状	追奶重点
气虚型	乳汁清稀、乏力、易出汗、面色苍白	补气养血，健脾益气
血虚型	乳汁少而稀、头晕、心悸、指甲淡白	补血养肝，滋阴生乳
阴虚型	乳汁浓稠但量少、口干、便秘、潮热	滋阴润燥，通乳不燥
湿热型	乳房胀痛、乳汁黏稠、口苦、舌苔黄腻	清热利湿，疏通乳腺
气郁型	乳汁不畅、情绪抑郁、胸胁胀痛	疏肝理气，通络下乳

（2）分体质追奶食谱推荐

① 气虚型：补气催乳

推荐食材：

小米、山药、糯米、鸡肉、鲫鱼、鸡蛋、黄芪、党参、红枣

食谱：

黄芪鲫鱼汤：鲫鱼 1 条 + 黄芪 15g+ 红枣 5 颗 + 姜片，炖煮 1 小时。

山药小米粥：山药 100g+ 小米 50g+ 枸杞 10g，煮粥食用。

② 血虚型：养血生乳

推荐食材：

黑芝麻、猪肝、红豆、枸杞、红枣、当归、桂圆、阿胶（少量）

食谱：

黑芝麻核桃糊：黑芝麻 30g+ 核桃 20g+ 糯米 20g，打成糊状，加红糖。

当归猪蹄汤：猪蹄 1 只 + 当归 10g+ 花生 50g，慢炖 2 小时。

③ 阴虚型：滋阴通乳

推荐食材：

银耳、百合、莲藕、梨、麦冬、玉竹、沙参

食谱：

银耳莲子羹：银耳 20g+ 莲子 15g+ 百合 10g+ 冰糖，炖至胶质状。

莲藕排骨汤：莲藕 200g+ 排骨 300g+ 红枣 5 颗，清炖 1.5

小时。

④ 湿热型：清热利乳

推荐食材：

冬瓜、薏米、赤小豆、绿豆、茯苓、蒲公英（少量）

食谱：

冬瓜薏米老鸭汤：鸭肉 300g+ 冬瓜 200g+ 薏米 30g，炖煮去油。

赤小豆茯苓粥：赤小豆 30g+ 茯苓 15g+ 大米 50g，煮粥食用。

⑤ 气郁型：疏肝通乳

推荐食材：

陈皮、玫瑰花、丝瓜、金针菜、柴胡、佛手

食谱：

丝瓜鲫鱼汤：鲫鱼 1 条 + 丝瓜 1 根 + 姜片 + 陈皮 5g，煮汤饮用。

玫瑰红枣茶：玫瑰花 5 朵 + 红枣 3 颗 + 红糖，泡水代茶饮。

（3）通用追奶食材与禁忌

① 所有体质适用

高蛋白食物：鱼类、瘦肉、豆制品（如豆腐、豆浆）。

燕麦：含铁和膳食纤维，促进泌乳激素分泌。

小米、糙米：比白米营养更全面。

坚果与种子类：富含钙和不饱和脂肪酸。黑芝麻、杏仁、核桃等（每日一小把）。

蔬菜：莴笋、丝瓜、茭白、莲藕。

② 需谨慎或避免的食物

回奶食物：韭菜、山楂、大麦茶、薄荷（体质敏感者慎用）。

刺激性食物：辣椒、酒精、咖啡因过量（可能影响乳汁质量）。

（4）追奶食谱搭配技巧

①汤水为主，干稀搭配：

每日至少 1 碗催乳汤（如五红汤、通草猪蹄汤）。

② 少量多餐：

增加 3 次加餐，如坚果酸奶、红枣银耳羹。

③ 温补不过燥：

阴虚者避免食用过多生姜、花椒；湿热者少用油腻高糖食材。

（5）生活方式辅助建议

哺乳频率：每 2~3 小时哺乳或吸乳，刺激泌乳反射。

情绪调节：保持心情舒畅，避免焦虑（肝郁气滞易导致堵奶）。

睡眠与休息：每天保证 7 小时睡眠，避免过度劳累。

（6）注意事项

① 体质判断需结合中医师诊断，避免盲目进补。

② 若乳汁突然减少或乳房硬块疼痛，警惕乳腺炎，及时就医。

③ 追奶期间观察婴儿排便和体重增长，确保营养充足。

④ 新妈妈需要多喝水，不仅是因为母乳成分里面大约 90%

是水，而且经过追奶手法的操作，新妈妈气血运行更好了，需要用到更多的水参与到新陈代谢中。

⑤ 追奶手法也需要遵守追奶方案里面的其他注意事项，比如每天哺乳 8~12 次，每次喂双边，每边喂 10~15 分钟等。如若未按照以上注意事项操作，新妈妈可能会出现 1 个月左右奶量又下降的现象。

根据体质调节饮食，配合科学哺乳方法，多数新妈妈可逐步提升奶量。如有特殊健康问题（如糖尿病、甲亢），建议在医生指导下调整食谱！

71. 产后多久可以追奶成功

很多生产后的妈妈由于种种原因，存在母乳不足的情况。有的问满月了能追奶成功吗？有的问婴儿刚出院，之前存在母子分离的情况能追奶成功吗？等等。其实只要新妈妈身体没问题，婴儿愿意配合，都是可以追奶成功的。

乳汁想要量多就需要频繁刺激吸吮乳房。只要婴儿愿意配合，新妈妈愿意母乳喂养，4 个月内都能追奶成功。

0~4 个月追奶方法：

白天：喂奶后，新妈妈通过喷乳反射手法产生奶阵，手排乳汁，一侧 10 分钟，一天 5 次，坚持 7 天。

夜晚：后半夜是泌乳高峰，新妈妈通过电动吸奶器吸奶至少一次，坚持 7 天，当然夜间亲喂更好，其实夜间分泌乳汁的量是高于白天的。成功实现母乳喂养，首先是完成夜间的母乳喂养，泌乳量提高比白天更容易实现。

想实现母乳哺乳的新妈妈，需频繁地刺激产生奶阵、排乳汁，循环往复，乳汁量自然就上来了。具体手法参见附件二。

72. 为什么说乳头问题是追奶路上的拦路虎

在追奶过程中最大的障碍是乳头出现了问题。乳头问题是追奶路上的拦路虎。常见情况有以下几种。

乳头混淆，由于新妈妈过早地给婴儿采用奶瓶喂养，婴儿习惯通畅好吸吮的乳胶奶嘴，不愿意吃由于乳腺管不通畅而不好吸吮的乳头。

乳头白泡、白点，由于新妈妈饮食过于油腻，乳汁浓稠，细微的颗粒堵住了输乳管口。或者婴儿衔接乳头和乳晕的方式不对，只是吃到乳头，摩擦造成白泡。

乳头皲裂，是衔接乳头乳晕方式不对，衔接乳头乳晕过浅，婴儿用力吸吮吃不到乳汁，反复摩擦造成乳头破溃。

乳头过大过小，都会造成婴儿无法很好地衔接乳头乳晕，吃不到乳汁。

乳头出了问题，即使乳房里有乳汁，婴儿也无法吸出，或者吸出不畅；新妈妈忍痛喂奶，或者无法喂奶，从而导致婴儿乳头混淆，不愿意接受新妈妈的乳头，拒绝母乳亲喂。乳头出了问题，是实现不了母乳喂养及追奶的。

73. 追奶过程中，新妈妈常见问题有哪些

很多新妈妈在生产后一两个月里，都搞不清楚，自己的母乳到底够不够婴儿吃？婴儿吃完母乳后还是哭闹，或者只是吃了一两口又睡着了。母乳亲喂没有“刻度”，相较之下，奶瓶喂养起来更直观，因为可以看到婴儿到底吃了多少毫升。其实有的时候是“被没奶”的。

（1）新妈妈感到乳房软未感觉到胀奶，觉得需要追奶

乳房软是一种常态，泌乳公式证明，供需最终都会平衡。乳房感到胀往往就会堵奶。经常性地堵奶，身体会产生自我保护机制，泌乳就会减少。

（2）新妈妈用吸奶器吸不出乳汁，有乳汁但是量很少，认为需要追奶

吸奶器才吸出来 30mL，这哪里够婴儿一顿的奶量啊？这是新妈妈经常有的疑问。乳房没有刻度，奶瓶有刻度，确切地想知道婴儿吃进去多少。这是导致新妈妈常常焦虑的原因之一。

事实上，吸奶器通常只能吸出乳房里面 20%~70% 的乳汁。现实是可以搭配手挤奶、刺激奶阵，实现母乳亲喂。

吸奶器吸不全母乳的原因：

①“喇叭”罩是否和乳房匹配，罩子尺寸不对、罩子过软或者过硬，不能很好地和乳房贴合。

② 刺激泌乳模式使用得不恰当，时机不对，就转到吸奶模式了。

③ 使用方法错误，新妈妈用吸奶器吸奶找不到感觉舒适的挡位。

（3）新妈妈认为婴儿没有咕咚的吞咽声，需要追奶

成人大口喝水和小口喝水都有声音吗？如果成人都不是全部有吞咽声，新妈妈判断婴儿到底吃没吃到乳汁，就不能靠听声音，要看动作。看婴儿下巴有没有在动，如果婴儿下巴没有动，就是含乳不对，要改善含乳，进而再看有没有吞咽的动作。

（4）婴儿吃完了还要吃，新妈妈觉得婴儿没有吃饱，需要追奶

3 个月内按需喂养。这个时候婴儿胃容量小、消化快，所以吃奶次数也多，婴儿吃奶不熟练也需要多练习，月子里每天喂奶 10~12 次，1~3 个月每天喂奶 8~12 次。另外 3 个月以内的婴儿，吸吮反射还存在，需要不停地吸吮得到安全感，同时肠胀气也需要吸吮来缓解安慰。

（5）婴儿吃奶时间过长或者过短，新妈妈觉得乳汁不够，需要追奶

月子里两边哺乳时间至少 30 分钟。1~3 个月哺乳时间至少 20 分钟。超过 6 个月每侧哺乳时间 6 分钟。这是一般的情况。但也存在吃奶时间过长和过短的现象。

吃奶时间过长：婴儿在小月龄阶段力气小，容易吃一会儿睡一会儿，可以改善下含乳、喂奶姿势，调整下喂奶时机。原则上哪怕是月子里的婴儿，两边哺乳时间也不要超过 40 分钟。

吃奶时间过短：婴儿 3 个月以上，单边哺乳时间 6 分钟以上，若想让婴儿多吃点，可以通过调整含乳、换边和乳房加压等方式尝试。

（6）婴儿夜间找奶，不吃不睡，睡眠不好，新妈妈觉得婴儿没吃饱，需要追奶

婴儿是不会自主睡眠的。婴儿越困，越分泌皮质醇影响睡眠，婴儿就会通过吸吮来完成自我安慰，这时候的吸吮不是没有吃饱。

五、堵奶

74. 堵奶有哪些表现

堵奶会出现：乳汁减少、乳房有硬块、乳房疼痛。

乳汁减少：如果是乳腺管不通导致堵奶，乳汁分泌量会减少，不能维持婴儿的生理需要，会导致婴儿出现哭闹、烦躁，吃奶后容易反复醒。

乳房有硬块：乳汁淤积导致排乳不通畅，会导致局部乳房出现条索状或圆形的肿块，随着时间的延长，会逐渐变成硬块。乳房长

时间出现排出不畅，有可能导致回奶或者乳腺炎的发生。

乳房疼痛：乳房堵奶后出现乳汁排出减少，长时间会引起新妈妈乳房的胀痛，如果长期堵奶没有及时疏通乳腺管，乳汁长期淤积会导致感染，从而引起乳腺炎，有时会伴有发烧，一般体温超过 38.5℃。

75. 什么是产后的生理性胀奶，民间所说的“石头奶”又是什么

“石头奶”其实就是生理性胀奶。一般发生在新妈妈产后的 2~5 天，少数新妈妈的生理性胀奶发生在产后的 6~8 天。新妈妈整个乳房肿胀，腋下副乳也一起肿胀。摸上去硬得就像石头一样，肿胀的乳房里面多数是组织间液，乳汁不多。生理性胀奶涨的其实不是乳汁是水肿。

76. 什么原因会造成“石头奶”

（1）婴儿没有及时吸吮，乳腺没有疏通。当新妈妈开始泌乳，刚开始乳汁量是供大于求的，如果婴儿不能高效地吸吮，持续地排出乳汁，乳汁的滞留会引起生理性胀奶。

（2）生产导致激素急剧变化，大量血液和组织间液涌向乳房。

（3）血液和淋巴回流受阻，滞留水肿。生产期间输液较多是导致此类情况发生的原因。

（4）新妈妈多次终止妊娠；二胎新妈妈之前有憋乳的情况。

（5）肉汤过早。新妈妈乳腺未疏通还存在水肿状态时就喝了大量的汤水，从而导致“石头奶”。

77. 堵奶的原因有哪些

堵奶的原因：

（1）乳头问题。乳头过大、过小、皲裂、水肿，都会导致乳腺不通，造成堵奶。

（2）长时间没有排出乳汁。过度胀奶，大量奶水长时间不排出导致乳腺管压力过高，淤堵沉积在乳腺管内，乳汁也会沉淀变浓稠，从而导致堵奶。

（3）跟饮食和饮水有关系。新妈妈的饮食过于油腻，如油汤、黄油点心、巧克力、坚果等，会造成乳汁过于浓稠，流动性就会变差，从而造成堵奶。新妈妈饮水过少，喝水量建议每天3L左右，小口慢饮，水分才能参与到乳汁的生产中，而不是通过尿液排出。

（4）碰撞。例如，婴儿吃奶的时候踢到新妈妈的乳房，会造成乳腺管损伤，引起局部水肿，从而导致堵奶。

（5）胸衣过紧。压迫、不合适的内衣，尤其是下部的钢圈部位压迫乳房也会引起堵奶。

（6）不戴胸衣，下垂的乳房会造成乳腺管折叠，乳汁不畅。

（7）乳腺增生和积乳囊肿。增生多的地方，乳腺情况会比较复杂一些，乳汁比较不容易排出来，可能引起局部堵奶。积乳囊肿也会造成乳腺不通，引发堵奶。

（8）新妈妈生气或者遭遇突发事件刺激会导致堵奶。

（9）泌乳素过高，乳汁量供远远大于求，长期胀奶导致堵奶。这一情况比较少见。

78. 堵奶和生理性胀奶的异同点是什么

学会区分就会知道怎么处理，处理的方法不一样。

（1）相同之处：

两者都有肿胀，都会出现乳腺不通、排出不畅的现象，都会感到疼痛。

（2）不同之处：

生理性胀奶实际是水肿，里面是淋巴组织液，不是乳汁，需要利尿消肿。堵奶是乳汁排出不畅造成的淤堵，出奶量下降，需要吸吮按摩疏通。

生理性胀奶是大面积的乳房肿胀甚至波及腋下，所以民间称为“石头奶”。堵奶是乳房局部的包块，是在乳房局部出现的硬块，两者有清晰的界限。

最后一点最好区分：生理性胀奶发生于产后 1 周内。

79. 堵奶的解决方法有哪些

包括外敷、内服和有效的吸吮。

（1）外敷：冷敷湿敷。土豆片、蒲公英、仙人掌、卷心菜这四种食材随手可得。土豆洗净放冰箱冷藏降温后，直接切片，切片后不洗，直接湿敷到乳房有包块的部位；蒲公英、仙人掌冷藏后捣碎直接贴敷到乳房包块；卷心菜一整张冷藏后，中间挖个洞，直接扣在乳房上，露出乳头。

硫酸镁是液体状的，直接倒在洁净纱布或者毛巾上，湿敷到乳房的包块上。如意金黄散，可以用适量的黄酒、蜂蜜、水调和均匀，湿敷到乳房包块上。

上述都是湿敷，可以用保鲜膜覆盖到敷料表层，防止沾湿衣物。

（2）内服：三草汤内服，起到消肿、疏通经络的作用。蒲公英、丝瓜络、通草各 5g 加水适量，煮沸 10 分钟后饮用。

（3）有效地吸吮。任何外部的手法都不如婴儿有效地吸吮效果好，我们常说“婴儿就是最好的通乳小兵”。通过婴儿有效地吸吮，将淤积的乳腺管道疏通，乳结散开，顺利哺乳。

80. 怎样预防生理性胀奶呢

（1）首先要做好“三早”，早接触、早吸吮、早开奶。产后的 1 个小时是婴儿吮乳反射最强的时候，建议新妈妈和婴儿尽早进行肌肤接触，引导婴儿含乳，进行有效的吸吮。

（2）频繁有效地吸吮。每天 8~12 次，如果婴儿不在身边要用吸奶器通乳，或用手排奶。一天内，每侧乳房各吸 10 分钟左右，2~3 小时吸一次；婴儿有效地吸吮不仅要吃到乳头还要含住乳晕的 2/3。

（3）新妈妈不要过早地进食大量汤水。生产后，新妈妈的乳腺管还没有完全疏通、通畅，这个时候不急于进食大量汤水，大量的汤水会导致水肿，使乳汁排出更加不畅。

81. 对于生理性胀奶，怎样处理呢

生理性胀奶处理方法为冷敷、饮食加手法。

（1）冷敷：生理性胀奶属于乳房的急性水肿期。这时候要用冷敷。此处冷敷的原理同脚扭伤、肿胀，72 小时内是需要冷敷的。冷敷可以使血管收缩，减轻局部充血，抑制感觉神经，减轻疼痛，缓解症状。

冷敷可用土豆、卷心菜、硫酸镁、中药大黄：芒硝（1：4）。

土豆切片后不清洗土豆片上的粉末，直接敷到乳房上。卷心菜冰箱冷藏后取一叶卷心菜中间挖一小洞，扣到乳房上，露出乳头乳晕。硫酸镁冷藏后，倒到哺乳垫上，冷湿敷。进行冷敷手法要避开乳头和乳晕。

（2）饮食调整：利尿消肿汤，海带、冬瓜、红豆。

（3）手法：生理性胀奶又叫“石头奶”，本身就又硬又肿，这时候通过手法按摩或者吸奶器吸奶，新妈妈是不能接受的，所以先不要碰触乳房，以免造成新妈妈抵触。通乳不碰胸的手法：后背肩胛骨的位置是胸部的反射区。我们通过做背部按摩来完成生理性胀奶的疏通。

① 放松肩颈。

② 搓热整个脊柱。

③ 推肩胛骨缝，拨一拨，推一推，在推拨的过程中，会感觉到肩胛骨缝中有筋结，把筋结推开，前侧乳房就软了。

④ 肩胛骨中间位置有一穴位叫天宗穴。天宗穴位于人体肩胛区，在肩胛冈与肩胛骨下角连线位置。天宗穴在临床是治疗乳房内疾病的特效穴，这个穴位可以用牛角刮痧板，按 1~2 分钟，如果感觉到酸的话就说明找对了位置。一般在我们操作的过程中，新妈妈会来奶阵，或者滴答乳汁，这种情况就说明我们手法到位了。

⑤ 搓腋下，从上到下搓 20~30 下。

⑥ 最后用空心掌扣背放松。

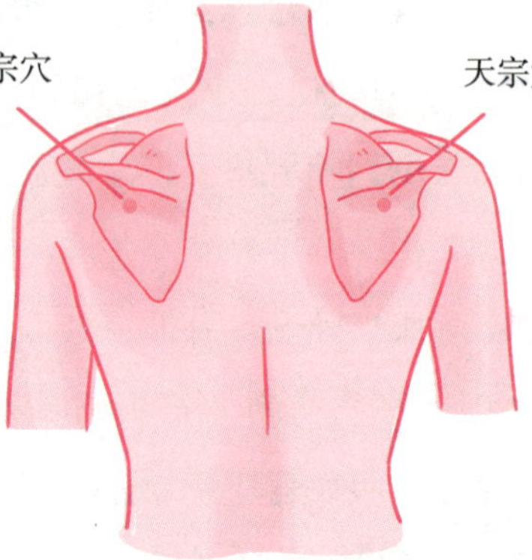

备注：

（1）全程小口慢饮热饮。

（2）最好在下午 3~5 点做手法，排毒消肿效果更好。

（3）做完手法后，前侧胸部会变软，疼痛会缓解，这时候让婴儿吸吮或者用手排奶。

82. 哺乳过程中怎样应用冷敷热敷

热敷冷敷，很多妈妈都用错了，包括催乳师。冷敷、热敷用到位会事半功倍，用错了会雪上加霜。别小看冷和热的作用。

首先要搞清楚冷敷和热敷的作用，冷敷可以消肿镇痛，促进乳腺管回弹，减少乳汁量的产生，降低奶水流速。热敷可以促进乳腺管扩张，增加乳汁量，加快奶水流速，可能导致乳腺管肿胀更加严重。热敷适用的情况比较少，只在两种情况下采用：第一种，在乳房状态良好的情况下，想要奶阵来得更快，奶量更多，这个时候可以热敷。第二种，可以通过温敷来预防或者缓解乳头雷诺氏症。除此以外全部采用冷敷，特别是在乳房肿胀比较严重的时候，一定要冷敷。生理性胀奶每 2~3 小时冷敷一次，每次冷敷 15 分钟，卷心菜、土豆片，也可以用冷热敷垫进行冷敷。

83. 生理性胀奶的淋巴回流手法是如何操作的

（1）准备

① 润滑：手上抹点精油、按摩油或润肤露，减少摩擦。

② 姿势：坐或躺，放松身体。

③ 呼吸：缓慢深呼吸，帮助放松淋巴流动。

（2）步骤（每侧做 3 ~ 5 次）

① 打开“大门”（激活淋巴结）。手指并拢，指腹非常轻柔地在锁骨上方（锁骨上下凹槽处）和腋窝下方（靠近胸部侧边）做小圆圈按揉，各 5 ~ 10 秒。这里是淋巴液汇入的主要“站点”。

② 锁骨引流。手掌或指腹贴住锁骨下方皮肤。极轻地向锁骨方向（朝脖子根部）平推 / 轻抚。想象把液体推向刚才揉过的锁骨“站点”。

③ 腋窝引流（最重要）。手掌或指腹贴住胸部外侧（靠近腋窝）。轻柔平稳地向腋窝方向平推 / 轻抚。这是淋巴液的主要出口。

④ 乳房引流（分区处理）。

上半部：双手指腹放在乳房上方（靠近锁骨），轻柔地向下、再向外推向腋窝。

内侧：双手指腹放在胸骨（两乳中间），轻柔地向外侧，再向上 / 下（呈弧线）推向腋窝。

下半部：双手指腹放在乳房下缘，轻柔地向上、再向外推向腋窝。

外侧：双手指腹放在乳房外侧，直接轻柔地推向腋窝。

（3）关键要点

① 方向：永远向着淋巴结（锁骨上、腋窝）方向推。

② 力度：皮肤轻微移动即可，感觉舒适，无痛。

③ 速度：缓慢、平稳，一次推抹持续几秒钟。

④ 范围：从乳房外围区域开始，逐渐向肿胀中心靠近，但避开直接用力按压硬块或疼痛点。

⑤ 时间：整个单侧胸部操作 5 ~ 10 分钟，感觉舒适放松即可。

备注：核心原则就是轻柔！轻柔！再轻柔！淋巴管很细，手法像羽毛拂过或推水波纹，绝对不能用力按压或揉捏肿胀部位。要实现的目标是促进浅层淋巴液向淋巴结流动。

84. 乳汁淤积怎么处理

在母婴群中，经常会碰到新妈妈问道：我的乳房没有硬块啊，怎么乳汁流出不畅？或者新妈妈觉得喂奶的时候会疼，还有婴儿不爱吃新妈妈的乳汁。这些情况一般是出现乳汁淤积了，需要及时处理，拖延可能造成堵奶或者乳腺炎。

乳汁淤积是堵奶的轻级表现。特点：新妈妈平时是感觉不到疼痛的，奶阵来的时候新妈妈会有感觉，同时乳汁变少，婴儿拒绝哺乳。此情况常常出现于混合喂养的婴儿。乳房有时会出现硬块，揉按的时候感觉疼痛，包块不活动。新妈妈有时候用手摸不到（会在乳房的底部）。

乳汁淤积产生的原因：新妈妈在哺乳时，婴儿只吃了“前奶”，没有吃到“后奶”。乳房里的乳汁没有排空（会积聚在乳房的底部），用手一般摸不到。

乳汁淤积抖“房子”法：这是最省事的缓解乳汁淤积的方法。

第一步，先让婴儿吃奶或用吸奶器吸奶或用手排奶。因为存在乳汁淤积的情况，排出的乳汁不多、排出不畅，一般只能吸出“前奶”，但也要先排出。

第二步，抖“房子”。准备热水，水开后放入大葱的葱白，最好连着葱须。热水煮葱 5~7 分钟。晾凉至 50℃，将双侧乳房放入盆中抖动，拍打乳头、乳晕。在抖动过程中，有些新妈妈会看到乳汁从乳头喷出。在热水中抖动 5~7 分钟。

第三步，用手排奶。一手托起乳房复位，这是一个关键点，只有托起乳房，所有血脉经络才会在原位。一手呈 C 字形按压在乳晕边缘，垂直向胸壁按压挤奶。这时会看到有乳汁向外喷出，如此反复按压挤奶，会有浓稠的“后奶”流出，依次反复操作三次至没有乳汁流出。

85. 堵奶包块的按摩方法有哪些

（1）堵奶疏通包块法

① 按摩痛点。包块离乳头方向，哪个点最疼，哪个点就是堵点，在堵点前端做手法疏通。一手托乳房，一手指腹下压按揉往乳头方向推拨。哺乳过程中新妈妈可以用手指顺着乳腺管的走向，从乳房基底部到乳头方向进行轻轻按揉，三揉一推。

② 刺激喷乳反射手法。利于奶阵把堵点冲开。

③ 在包块处按压推拨，向乳头方向排奶。

④ 在乳房后端先做手法，再做震颤或者抖动，按摩乳房。

备注：

不需要把乳汁一次全都排空。乳汁排得越空，再来乳汁的话，还会肿胀。

（2）堵奶四步按摩手法

① 第一步，六个开关阀打通气机。

按揉合谷穴 2 分钟。按揉合谷穴配合呼吸法，按住合谷穴吸气，揉合谷穴的时候吐气。

按揉太冲穴 2 分钟。按住太冲穴吸气，揉太冲穴的时候吐气。

按揉肩井穴 2 分钟。按住肩井穴吸气，揉肩井穴的时候吐气。

按揉膻中穴 2 分钟。按住膻中穴吸气，揉膻中穴的时候吐气。膻中穴也可以用推拨法。

两肋骨分推两侧，再垂直推向腹股沟。

② 第二步，十字开穴法。见附件二。

③ 第三步，刺激喷乳反射法。见附件二。

④ 第四步，吸吮。婴儿的有效吸吮是最好的疏通方法。

备注：

所有通乳、催乳的手法，婴儿的吸吮都是可以替代的，催乳的手法就是在模拟婴儿吸吮。单纯的堵奶问题非常简单，在婴儿可以正常含乳和吸吮的情况下，新妈妈只需要调整哺乳姿势，让婴儿吸吮就可以了，并不一定要做手法，通过调整哺乳姿势，可以做到事半功倍，并且婴儿的吸吮高效又无害。请记住，婴儿才是最好的通乳师。

六、回乳

86. 回乳是什么？回乳的方法分为哪几种

回乳俗称断奶，是指新妈妈在母乳喂养一段时间后，由于各种原因停止母乳喂养的行为。

回乳的方法一般可分为自然回乳和人工回乳两种。

通常情况下产后哺乳时间在 10 个月至 1 年之内正常断奶，可使用自然回乳方法，但如果是非正常原因，如各种疾病或特殊原因，哺乳时间不足 10 个月，在正常母乳喂养期间需要断奶的情况，则多需要通过人为方法（通常是药物或中医方法如按摩）进行回乳，即人工回乳。

正常回乳时如果奶水过多，自然回乳不见效果，则需要通过减少哺乳和回奶食材进行人工回乳。

87. 自然回乳是如何进行的

自然回乳要有计划，循序渐进地减少喂奶次数，缩短喂奶时间，同时应注意少进汤汁及容易下奶的食物，使乳汁分泌逐渐减少以致完全消退，大约在两个月内完成回乳比较适宜，这样不但对婴儿影响小，也可避免乳房发生急性炎症反应。

渐进式回乳的好处是新妈妈在特殊情况下可以灵活掌握，新妈妈不但要关注婴儿的反应，寻找更适合的断奶方法，同时还要照顾婴儿的心理需求。满足其对乳房抚慰的需要，在某些特定情况下，乳房对于婴儿来说必不可少。例如，婴儿生病、受伤或者入睡前，婴儿对乳房的依赖不仅仅是食物来源，更是一种抚慰，这时候可以允许婴儿继续吃，先断掉其他一般情况下的喂奶，特殊情况下的喂奶可以放到最后，许多新妈妈唯恐不果断采取强行的断奶措施，婴儿就会一直吃下去，事实上随着婴儿的成长他会自动脱离从母乳摄取食物的要求。所以，断奶要视婴儿的成长情况而定，最好等到婴儿自动脱离对母乳的需要时自然断奶，这种断奶方式会避免诸多由于提早强行断奶而出现的烦乱。自然离乳，循序渐进地离乳，也有利于乳房，不至于突然地断乳导致乳房下垂明显。

每一个婴儿的成长时间表都不一样，一般来说自动断奶发生在 1 岁半到 3 岁 ，1 岁以内的婴儿少有自动断奶现象，很多人都认为 8 个月以后母乳就没有营养了，事实上母乳无论在什么时候都富含营养。如脂肪、蛋白质、钙和维生素，尤其是对婴儿身体健康至关重要的免疫因子，长期的母乳喂养能够有效地预防诸多疾病，比如婴儿常见胃肠和呼吸道等方面的感染病以及幼儿癌症、少儿糖尿病、风湿性关节炎等重症，世界卫生组织、国际母乳会等权威机构也呼吁全球母亲将母乳喂养坚持到婴儿满 2 岁，尤其是过敏体质的婴儿，最好母乳喂养至 2 岁以上。

88. 什么情况下需要人工回乳

人工回乳（通过药物或医学干预停止母乳分泌）。一般从医学必要性和特殊情况考虑是否需要人工回乳。

医学必要性从以下几点考虑。

（1）母亲健康问题

① 传染性疾病。

② HIV 感染：母乳可能传播病毒给婴儿。

③ 活动性结核病：未经治疗或传染期内需暂停哺乳。

④ 疱疹病毒乳房病灶：直接接触可能感染婴儿。

⑤ 严重慢性疾病：癌症需化疗 / 放疗——药物或辐射可能通过乳汁影响婴儿；严重心 / 肾功能衰竭——哺乳加重身体负担，危及生命。

⑥ 精神类疾病需长期用药：如抗抑郁药、抗精神病药（部分药物禁忌哺乳）。

⑦ 急性乳腺问题。

化脓性乳腺炎或乳房脓肿：需抗生素治疗，感染可能污染乳汁。

乳腺癌手术或治疗：需立即停止哺乳以配合治疗。

（2）婴儿健康问题

① 先天性代谢疾病。如半乳糖血症：婴儿无法代谢母乳中的乳糖。苯丙酮尿症：需特殊配方奶粉替代母乳。

② 严重过敏反应。

婴儿对母乳中某些成分（如牛奶蛋白）严重过敏，需完全断乳。

特殊情况分以下几种情形。

（1）母亲药物使用

禁忌药物：如放射性药物、免疫、部分抗癌药等（通过乳汁危害婴儿）。

紧急用药：如某些抗生素（甲硝唑、四环素类）。

（2）母婴分离

婴儿早产住院无法亲喂，母亲需终止泌乳以恢复健康。

（3）母亲个人选择

因心理压力、工作需求等原因，需快速断乳（但优先建议自然回乳）。

89. 人工回乳的方法有哪些

传统的人工回乳方法，无论是民间流传的还是在各种专业书籍中出现的，都多种多样。本书介绍外敷法和食疗法两种常规回乳方法。

（1）外敷回乳法

如意金黄散用蜂蜜和匀外敷乳房 3~4 小时。一般 3 天回乳。回乳一周后，从乳房基底部做梳法，疏通乳房，然后刺激乳晕，排出乳汁。只需要做一次即可。10天后再做一次，就能把乳房内残余乳汁排出。

（2）食疗回乳法

按照中医的理论药食同源，所以食疗回乳的方法其实也可以归结为中药方法。常见的回乳食物有以下几种：

① 淡豆豉。淡豆豉30g，煎服每日1剂，连服3天。

② 炒麦芽。炒麦芽60~100g加冷水浸泡30分钟，置锅中大火煮沸后，再用小火煮20分钟，滤去药渣，浓缩成两杯分2次服，水煎分服，每日1剂，连服3~5日。

关于麦芽的功效。《本草纲目》中记载：麦芽甘，微温。实为消食和中，下气退乳之良药。《丹溪心法》载：产后发热，乳汁不通及膨者，无子当消，用麦二两炒，研细末，清汤调下，作四服。又如《医宗金鉴妇科心法要诀》载：产后乳汁暴涌不止者，乃气血大虚；预回其乳者，用麦芽炒熟、熬汤作茶饮之。

③ 花椒。取花椒6g，加水400mL，浸泡后煎水浓缩为200mL，加红糖30~60g，于断乳当天趁热1次饮下。每日1次，1~3日可回乳。

④ 面引子。即生大饼100g，对分，贴在乳房上面露出乳头，2日左右乳胀即消退。

⑤ 八角、茴香。八角、茴香各10g，煮汁服，每日2次，连服3日。

无论哪种回乳方法，都需要在回乳期间尽量减少对乳头的刺激，不让婴儿吸吮乳头，可以冷敷乳房，让乳腺管收缩。同时，限制液体，控制脂肪、蛋白质的摄入，如牛奶、肉汤等。

回乳时日常饮食的选择，应忌食那些可促进乳汁分泌的食物，如花生、猪蹄、鲫鱼、汤类等，否则将会增加回乳难度。

Part 4

乳房的各种问题

哺乳过程中，新妈妈需要解决的无非是乳房的问题和乳头的问题。乳房的问题集中在包块、水肿、疼痛，还有乳腺炎，其实这些问题找对了根源都很好解决。相比之下乳头出现问题了，还是比较棘手的，如果把乳房内的乳腺管比喻成管道，把乳头比喻成开关，管道疏通了，但是水龙头无法排水，就会造成恶性循环。所以乳头问题是要防患于未然的，要学会预防和处理乳头有可能出现的问题。下面介绍了乳房和乳头相应问题的预防和处理。

一、哺乳与疼痛

90. 喂奶时，乳房疼痛，并且有灼热感是怎么回事

念珠菌感染，新妈妈疼痛感和疼痛范围跟雷诺氏很相似，新妈妈乳晕皮肤会发红发亮，婴儿可能有鹅口疮。

（1）念珠菌感染表现：

① 在喂奶过程中或者是喂完奶以后，如持续感觉到灼热感，夜晚可能会加重。

② 针扎一样的刺痛或者火烧一样的疼痛。可能会延伸到整个乳房以及新妈妈的肩膀或者后背。

③ 乳头、乳晕呈现出亮红色，发痒、脱皮，乳头、乳晕处皮肤褶皱里能看到白点，严重的皮肤可能会皲裂。

（2）念珠菌感染的原因：

① 免疫力降低，菌群失调。

② 奶瓶、奶嘴、吸奶器等哺乳辅具没有做好清洁和消毒。

③ 新妈妈服用抗生素会增加真菌感染的概率。

（3）念珠菌感染的解决办法：

① 保证新妈妈有足够的休息，心情愉悦。

② 哺乳辅具和婴儿的餐具做好清洗消毒。

③ 不要亲吻婴儿的脸蛋、小手以及其他部位。

④ 念珠菌感染要让新妈妈立即就医，不管婴儿是否有鹅口疮，都需要母婴同治。可遵医嘱使用抗真菌类药物涂抹于新妈妈的乳头和婴儿口腔内，要足量、足疗程使用，否则容易耐药，必要时口服抗真菌药物，但需谨慎使用。

91. 喂奶后，乳头从婴儿的嘴里抽出来时，会骤然感到乳房出现强烈的针刺样疼痛，并且乳头有变色的情况是怎么回事

这种情况是乳房血管痉挛。

（1）乳房血管痉挛表现为：喂奶后，乳头从婴儿的嘴里抽出来时，会骤然感到乳房出现强烈的针刺样疼痛，乳头处颜色变浅、苍白，再慢慢恢复到正常的颜色。通常与乳头受到了冷刺激，血管收缩而导致供血不足有关。

（2）解决乳房血管痉挛的方法：

① 可以用吹风机的低温挡，在每次喂奶后帮助乳头保暖。

② 未哺乳时，乳头尽量经常暴露在空气中，以提高乳头对环境的耐受能力。

③ 选择舒适柔软的内衣，减少衣物对乳头的摩擦。防溢乳垫潮湿后，建议适时更换。

④ 不必频繁清洗乳头，日常的洗澡就足够了。

二、积乳囊肿

92. 什么是积乳囊肿？如何判断新妈妈有积乳囊肿

积乳囊肿在哺乳期很常见，它是一个薄膜，包裹着乳汁，新妈妈有积乳囊肿时不会有任何感觉，只有在做乳腺 B 超或者触诊的时候才会被发现。在做触诊的时候根据以下特征来判断新妈妈有积乳囊肿：

（1）积乳囊肿是圆形的、光滑的小结节。

（2）积乳囊肿有非常明显的边界线。

（3）积乳囊肿可以滑动，有轻微的弹性。

目前没有研究表明积乳囊肿形成的原因，它基本上只在哺乳期产生，而且都是良性的，几乎不会发生恶性病变。根据经验，经常堵奶的新妈妈更容易有积乳囊肿，增生比较多的地方更容易有积乳囊肿，积乳囊肿也常常产生在乳晕下方，排奶的时候会感觉到明显的滑动，压力比较大、长期情绪不好的新妈妈也更容易有积乳囊肿。

93. 积乳囊肿如何处理

（1）由于积乳囊肿里面是乳汁，比较容易被自身吸收，较小的积乳囊肿无须做任何处理，很容易被吸收，但乳汁不会因为按摩而被吸收。

（2）超过 2cm 的积乳囊肿建议定期检查，有些医生可能会建议穿刺，但是在哺乳期，乳汁很可能再次倒灌进去，复发的概率很高，新妈妈断奶后也有发生积乳囊肿的可能性。

（3）绝对不能按摩，否则可能会导致化脓性乳腺炎。

（4）如果积乳囊肿长期没被自身吸收，建议定期检查它的变化情况。

三、乳腺炎

94. 乳腺炎分几种

乳腺炎分为：哺乳期的乳腺炎、一般性乳腺炎、细菌性乳腺炎和化脓性乳腺炎。

乳腺炎的特征用四个字概括：红肿热痛。展开讲为：乳房发红，乳房有包块，发热，乳房疼痛。

在这里主要介绍乳腺炎中的一般性乳腺炎和细菌性乳腺炎，化脓性乳腺炎不是日常处理的范畴。几种乳腺炎的特征、处理方式和恢复时间都不一样。一般性乳腺炎通常是堵奶处理不当还有身体机能下降引起的，如新妈妈没有休息好；有些是外力碰撞引起的，如婴儿踢到新妈妈乳房，都可能引起乳腺炎。

细菌性乳腺炎一般是金黄色葡萄球菌感染导致的，少数是链球菌感染。若存在乳头皲裂，细菌容易侵入，而乳汁的营养特别丰富，温度又适宜，非常适合细菌生长。细菌性乳腺炎如果处理不当，可能会发展成化脓性乳腺炎。

一般性乳腺炎和细菌性乳腺炎的相同点是乳房都会发红，都会疼痛，不同点是细菌性乳腺炎的程度更为严重，两者都会发烧，但是一般性乳腺炎发烧通常不超过 39℃，而细菌性乳腺炎发烧通常超过 39℃，并且伴随寒战。

95. 外力碰撞导致的乳腺炎、堵奶引发的乳腺炎分别怎么处理呢

在一般性乳腺炎中，有一种外力碰撞导致的乳腺炎，一般是睡觉的时候长时间地侧躺压到乳房，引起肿块。它是先肿后

堵，水肿情况非常严重，乳房受到外力碰撞后会先水肿，水肿会导致乳腺管互相挤压变形，通路变窄，乳汁流通不畅，从而导致堵奶。如果处理不当，会进一步发展成乳腺炎。这种类型乳腺炎需要特别注意消肿，冷敷需要更加频繁，建议每 2 小时冷敷一次，每次冷敷 30 分钟。水肿会导致反复堵奶，所以可能需要冷敷 2~3 次。患这种类型乳腺炎的新妈妈可能会排出黄绿色的乳汁，属于正常现象，并不是乳汁变质，新妈妈不需要停止哺乳。

在一般性乳腺炎中，还有一种堵奶引起的乳腺炎。

堵奶引起的乳腺炎的处理方式跟堵奶的处理方式是一样的。

处理方法：

（1）3 天内冷敷、湿敷。土豆片、蒲公英、卷心菜、硫酸镁任选一种。

（2）按需有效吸吮，或者用手排奶。

（3）服用适合哺乳期的退烧药，如果反复发烧超过 24 小时，及时就医，按医嘱服用抗生素。

（4）饮食少油少盐。

（5）饮水量每天 2~4L，少量多次地喝。

（6）不追求一次性解决，建议分几次解决。

造成乳腺炎的根源也需要找出来，从根本上解决问题，避免反复。比如避免长时间的侧卧睡觉，小心婴儿的脚踢踹到乳房，解决引起乳腺炎的外因。

96. 细菌性的乳腺炎怎样处理呢

细菌性乳腺炎一般是由细菌感染所引起。跟外力碰撞不同的表现是先堵后肿。有两种原因导致该情形。乳汁淤积：如果新妈妈泌乳过多或乳腺导管过长，而婴儿吸乳过少，多余的乳汁不能及时排出，长期淤积。乳汁是良好的培养基，淤积的乳汁非常有利于细菌的生长繁殖，可为细菌提供良好的生长环境，易导致细菌性乳腺炎。细菌入侵：长牙的婴儿或其他外界原因造成乳头皲裂，细菌入侵破损的皮肤，进入淋巴管，沿着淋巴管侵入乳管，上行至乳腺小叶造成感染，形成乳腺炎，致病菌主要为金黄色葡萄球菌。

造成乳腺炎的根源也需要找出来，从根本上解决问题，避免反复。预防的关键在于避免乳汁淤积，防止乳头损伤，避免养成婴儿含乳头睡觉的习惯。每次哺乳应将乳汁吸空，同时注意婴儿口腔卫生，也要注意饮食不过于油腻。

97. 哺乳妈妈患乳腺炎，怎么用药是安全的呢

先给一颗定心丸，大多数乳腺炎可在医生指导下安全哺乳，关键是根据药物类型调整治疗方案。若需暂停哺乳，建议用吸奶器维持泌乳，待治疗结束后恢复亲喂。用药前务必咨询专业医

生，避免盲目断奶！且乳腺炎通过婴儿的吸吮会加快恢复的速度。乳腺炎用药级别为 L1~L5。L1~L2 级别为哺乳期药物安全分级，L1 最安全，L2 较安全。需根据具体药物类型、剂量以及婴儿健康状况综合判断。

乳腺炎治疗的常用药物与哺乳安全性：

（1）抗生素

安全可用的抗生素（哺乳期 L1~L2 级别）。青霉素类：如阿莫西林、氨苄西林。头孢类：如头孢氨苄、头孢曲松。大环内酯类：如阿奇霉素、红霉素。

安全性：以上药物乳汁分泌量极少，对婴儿无明显影响，可正常哺乳。

需慎用或暂停哺乳的抗生素：

克林霉素：可能引起婴儿肠道菌群紊乱（腹泻）。甲硝唑：高剂量静脉注射时可能影响乳汁口感，且对婴儿神经系统有潜在风险（建议用药后暂停哺乳 12~24 小时）。 四环素类（如多西环素）：可能影响婴儿的骨骼和牙齿的发育（哺乳期禁用）。

（2）止痛退热药

对乙酰氨基酚：哺乳期安全，可缓解疼痛和发热。布洛芬：低剂量短期使用安全，几乎不进入乳汁。

（3）外敷药与辅助治疗

外敷芒硝 / 冷敷：仅作用于乳房局部，不影响哺乳。

98. 哺乳期用药需要注意些什么

（1）优先选择哺乳期安全药物：参考《药物与母乳喂养》（Hale 分类）或咨询医生 / 药师，选择 L1~L2 级别药物。

（2）调整用药时间：在哺乳后立即服药，减少药物在乳汁中的峰值浓度。

（3）观察婴儿反应：若用药后婴儿出现腹泻、皮疹、烦躁等异常，需及时停药并就医。

（4）避免自行用药：中成药、偏方成分复杂，安全性不明确，需医生指导。

99. 不同阶段的乳腺炎怎样用药

（1）轻度乳腺炎（无化脓，仅红肿疼痛）

处理：继续哺乳（患侧乳房排空乳汁），冷敷 + 安全抗生素（如头孢氨苄）。

哺乳安全性：可正常喂奶，乳汁中的少量抗生素对婴儿无害。

（2）化脓性乳腺炎或严重感染

处理：需切开引流 + 静脉抗生素（如头孢曲松）。

哺乳安全性：若使用哺乳安全药物，可继续哺乳；若需用高风险药物（如克林霉素），建议暂停患侧哺乳（健侧可继续），并定时排空患侧乳汁以维持泌乳。

100. 哺乳妈妈经常碰到的乳腺炎喂养误区有哪些

常见误区有两点。（1）“乳腺炎必须停奶，否则会传染婴儿。”普通细菌性乳腺炎（非结核、HIV 等）不会通过乳汁传染，继续哺乳反而有助于缓解堵塞。（2）“发烧时乳汁变质，不能喂奶。”事实上发烧不影响乳汁质量，即使有细菌感染，婴儿喝下后细菌也会被胃酸杀死，很少引起问题。持续哺乳也能维持奶量。但需注意母亲体力是否允许哺乳。

需要暂停哺乳的情况分为两种：（1）妈妈情况严重：高烧（如超过 38.5℃）、剧烈疼痛导致无法忍受哺乳。（2）婴儿口腔问题：婴儿患有鹅口疮（口腔真菌感染），可能需要在治疗期间暂停亲喂（但乳汁可吸出瓶喂），以防交叉感染。

101. 化脓性乳腺炎的特征是什么

很多新妈妈从最初的乳房疼痛到不疼，新妈妈认为情况好转了，但事实有可能是发展为化脓性乳腺炎了。化脓性乳腺炎新妈妈不能居家处理，必须就医。但新妈妈要了解化脓性乳腺炎的特征。

化脓性乳腺炎的特征有：

（1）发烧或者当前不发烧，但是之前有过发烧。

（2）乳房皮肤出现紫红色或者暗红色，疼痛感消失。

（3）乳房硬块化脓后形成脓腔，脓腔有深有浅，可能不止一个，有的突出于乳房表面，触诊有软软的手感。

（4）化脓区域的皮肤变薄甚至溃破，从溃破的地方排出脓液，或者可以从乳头排出脓液。化脓性乳腺炎一般的进程最开始是堵奶，伴随发烧和乳房疼痛，淤积的硬块经过处理也没有好转，发生炎性病变，皮肤变成紫色、暗红色淤积，开始变软，不再疼痛。

102. 化脓性乳腺炎形成的原因是什么？化脓性乳腺炎的处理方式有哪些

化脓性乳腺炎形成的原因：

（1）细菌性乳腺炎没有及时解决。

（2）暴力通乳造成乳腺组织损伤。

（3）对积乳囊肿进行了不当按摩。

化脓性乳腺炎的处理方式：

（1）脓腔较小的时候穿刺引流，因为在哺乳期乳汁可能会倒灌进腔体，因此可能需要多次穿刺。

（2）脓腔较大的时候开刀引流。

（3）尽量使用安全的药物保证新妈妈哺乳，母乳里的活性成分有助于伤口愈合，停止哺乳可能会导致毒奶，影响伤口的恢复。拥有先进的观念和知识的医生不会轻易建议停止哺乳，无论是穿刺还是开刀都由医生决定。

备注：化脓性乳腺炎需去医院就医处理。

四、乳头

103. 哺乳期间乳头会出现哪些问题

哺乳期间乳头的任何问题都是母乳喂养的拦路虎。其实追奶、少奶、堵奶都好纠正。乳头问题才是最不好解决的，因为纵有千般技能，乳头的问题并不能一一解决。乳头问题大致分为以下几种：

（1）乳头皲裂。

（2）乳头白点、白泡。

（3）乳头凹陷。

（4）乳头雷诺氏现象。

（5）乳头过大过小。

104. 乳头皲裂怎么办

乳头皲裂原因：通常不恰当的哺乳体位和含乳姿势、婴儿舌系带过短、感染、乳汁量不足、乳腺炎、乳头扁平或凹陷等原因易造成乳头皲裂，乳头皲裂容易反复，一旦发生要及时祛除诱因。乳头皲裂大部分是含乳不佳导致的，哺乳时开始疼痛，结束时可能减轻，也可能是持续性的，有时候部位不明。

特征：乳头破溃，有出血。新妈妈哺乳疼痛难忍。

解决方法：

（1）新妈妈发生乳头皲裂后，首先考虑纠正哺乳姿势。

（2）先哺乳健康一侧的乳房。

（3）涂抹乳头养护膏。

（4）如果皲裂严重，症状得不到改善，可以考虑吸出母乳后再喂乳。

105. 乳头上为什么会出现白点、白泡

有的新妈妈乳头上会出现白点或者白泡。这白点、白泡有时候在表皮上，有时候会在乳头的皱褶缝隙里。新妈妈喂奶的时候感觉疼痛，婴儿吸吮乳头的时候，奶水往外冲到白点、白泡会引起疼痛。无论以什么方式呈现，都需要及时处理。

（1）乳头的损伤。婴儿的含乳姿势不对，造成乳头损伤、输乳管口损伤，通路变窄，出奶不畅，乳汁停留在乳房的时间过长，水分被身体吸收，乳汁变得浓稠，形成白点。如果不能及时改善，婴儿吃奶时继续拖拽或者摩擦，会形成白泡。

（2）乳汁过于浓稠。如果新妈妈喝水特别少，乳汁会变得浓稠，如果新妈妈摄入过量的脂肪，乳汁的脂肪含量过高，也会变得浓稠，乳汁浓稠，流动性就会变得不好，出现絮状奶，最终形成白点。

106. 白点、白泡的解决方案有哪些

（1）找到形成白点、白泡的原因，解决婴儿吃奶含乳问题。要婴儿学会正确地含乳，也就是有效地吸吮。有效地吸吮不仅要吃到乳头，还要吃到乳晕的2/3。

（2）通过手法或者婴儿的吸吮疏通淤积，冲开白点、白泡，最好的方法是用奶阵冲开，对乳腺的伤害比较小，还可以用0.5mL的皮试针管，去掉针头，只用注射器前端的乳头对准白泡，抽动活塞利用负压吸引，将白泡吸破。

（3）养护乳头。新妈妈每次喂完奶后挤出一滴乳汁涂抹到乳头上风干，这样可以保护乳头；也可以涂乳头膏缓解疼痛，促进伤口愈合；可以适当减少亲喂次数或停止亲喂，用手挤奶来让乳头得到养护；必要时可以戴上乳头保护罩，避免乳头与内衣

摩擦。

（4）调整饮食结构。饮食不能过于油腻，过于油腻的饮食，会导致乳汁浓稠，排乳不畅。

（5）不可自行用针挑破，以免发生乳头水肿或金黄色葡萄球菌逆行感染。有一些新妈妈由于自行挑破乳头的小白点，造成了乳头水肿，表现为红、肿、疼痛。这种疼痛是持续性的，只要伤口和水肿未痊愈，乳头会一直疼痛，哺乳刚开始和哺乳期间疼痛更明显，哺乳结束后会减轻，乳头的疼痛也会伴有乳房的疼痛，有的新妈妈因为痛感定位不准确，发生乳头水肿后，应先暂停患侧的亲喂，改成吸奶器或手排奶进行哺乳。

107. 乳头溃疡怎么办

乳头溃疡与白点、白泡一样，都是乳头损伤，只是创伤更大，可能泛黄甚至出血。乳头溃疡的形成原因是乳头损伤没及时进行有效的处理，婴儿吃奶时反复摩擦或者处理不当，比如用针挑、用纱布不当摩擦，导致创伤变大，形成溃疡。溃疡的处理方式与白点、白泡一样，只是难度更大，恢复时间更长。时间短的可能 1~2 周愈合，也可能好几个月才能愈合，如果特别严重，建议就医。溃疡长时间不愈合，很可能引起雷诺氏症。白泡与溃疡属于乳头损伤，出乳口出奶不畅，可能会被封死，并且损伤的乳头恢复需要一个过程，所以反复封死是很常见的。所以，乳头问题要及时解决，也要尽早纠正婴儿的含乳姿势。

108. 乳头过小凹陷怎么办

新妈妈首先要测试一下乳头凹陷的程度。如果用两个指头在乳晕上面稍微挤一下可以凸出来，就不算乳头凹陷，新妈妈可以顺利母乳喂养。如果用手挤的时候乳头会更凹进去，而不能被牵拉出来，这种乳头凹陷可能的确会遇到一些哺乳困难。

解决办法：

（1）霍夫曼手法，采用手法提拉纠正乳头凹陷。以乳头为中心，食指和拇指放在乳晕两旁，先略向下压，再向两旁推开。然后再提拉，轻轻捻转、揉搓。做 3~5 分钟 / 次，2~3 次 / 日。

（2）可以依靠双头电动吸奶器，每天抽吸到奶瓶中喂给婴儿，实现母乳喂养。日复一日地负压吸引，也会改善乳头内陷的

内陷程度自测法

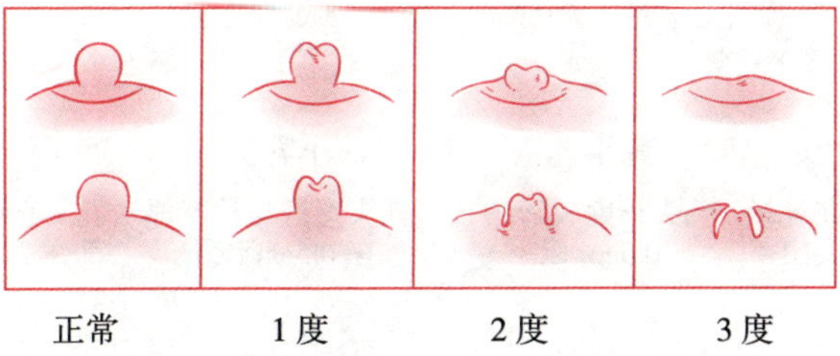

1 度：部分乳头内陷，挤出后乳头大小与常人相似。
2 度：乳头完全凹陷于乳晕之中，可用手挤出乳头。
3 度：乳头完全埋在乳晕下方，无法用手挤出。

状况。

（3）可以选择乳盾。通过乳盾的贴敷，增大婴儿吸吮的部位，帮助婴儿含乳。

109. 乳头过大怎么办，能够母乳喂养成功吗

对于乳头过大的解决方法，首先新妈妈要明白，婴儿吃奶的时候，不是只吃乳头，是吃乳头连同乳晕的 2/3，乳头不超过一元硬币大小，都是可以亲喂成功的。新妈妈需要做的是，乳头过大，初期哺乳时，新妈妈轻捏刺激乳晕排出一点乳汁，乳头会变软，这时通过采用“三明治”手法，把大部分乳晕捏住送到婴儿嘴里，婴儿就能很好地衔接。不超过三天，婴儿就会自主衔接了。

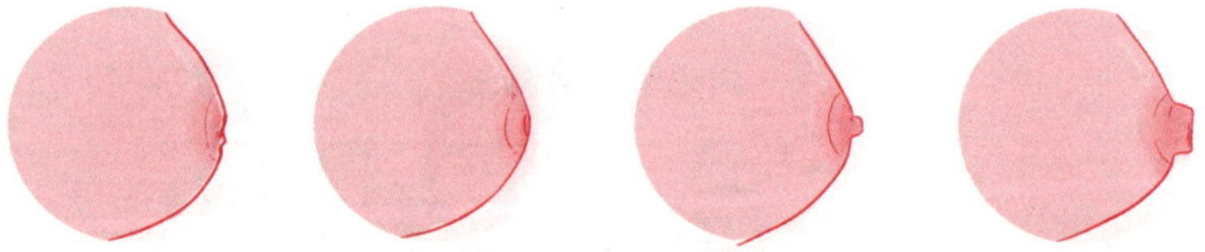

凹陷乳头：乳头凹陷在乳晕中无法突出

扁平乳头：乳头长度较短约在 0.5cm 以下

小乳头：乳头直径与长度都在 0.5cm 以下

巨大乳头：乳头直径与长度都在 2.5cm 以上

110. 什么是乳头雷诺氏现象

哺乳时乳头疼，有时候颜色还变了，是怎么回事？医学上称为乳头雷诺氏现象。

乳头雷诺氏现象是一种由血管痉挛引起的循环障碍，主要影响乳头及其周围区域。

现象：

颜色变化：乳头在寒冷或压力刺激下呈现典型的“三变”——变白（缺血）、发紫（缺氧）、潮红（恢复供血）。

疼痛：伴随剧烈的刺痛、灼烧感或搏动性疼痛，尤其在哺乳或温度变化时加剧。

持续时间：发作通常持续数分钟至数小时，可能单侧或双侧发生。

备注：

需要排除其他疾病（如乳腺炎）。

需与乳头痉挛、乳腺管痉挛或皮炎区分，后者可能无典型颜色变化。

111. 乳头雷诺氏现象解决方案有哪些

（1）针对乳头受冷。避免乳头过多接触冷空气，新妈妈每次喂完奶之后及时穿好内衣再去照顾婴儿。每次喂完奶后，用电吹风隔着衣服热吹乳房 5~10 分钟，或者热敷乳房，每天都要做，不要等到出现疼痛才做。

（2）针对乳头受损。护理受损的乳头，新妈妈需要同时找出乳头受损的原因并针对性地解决。

（3）服用钙镁片，提升神经元的机能。这个是保健品，不是药物，可以自行购买。

（4）及时纠正不正确的哺乳姿势，乳口衔接方法要正确。

大部分新妈妈在用过以上方案后，疼痛会减轻或者消失。对于个别用了以上方案也没有缓解疼痛的新妈妈，医生也没有特别好的药物治疗方案。医学上曾经有过用扩张血管的药物来治疗的，效果因人而异，而且还有不良反应。

112. 乳头混淆表现在哪些方面

乳头混淆的表现：

（1）婴儿含乳后吃一会儿就会拉扯拽，吃几下就把乳头吐出来，哭闹不停，或者吃一会儿就睡着了。

（2）婴儿愿意含乳，但是含得不好，用吃奶瓶的方式吃新妈妈的乳头，婴儿吃奶效率低，总是吃不饱。婴儿不愿意先去吸吮刺激奶阵，把乳头吐出来拒绝吃奶。新妈妈的乳头也有可能受伤，新妈妈移出的乳汁量不够，可能会堵奶，导致奶量减少。

（3）婴儿抗拒新妈妈，新妈妈一抱就哭，完全不愿意含乳。

（4）对于很多新妈妈来说，纠正乳头混淆没有那么容易，混淆的时间越长，婴儿越大，越难纠正乳头混淆，其间还可能伴随其他问题，如乳头损伤、堵奶、乳汁少等。乳头混淆预防大于纠正，在婴儿出生后的前几周，母乳亲喂是婴儿开始学习吃奶技巧的关键时期，尽量不要让婴儿接触奶嘴。如果需要补充喂养，可以用注射器乳旁加奶，或者是用杯子、勺子甚至是手指来喂，可以在一定程度上预防乳头混淆。

113. 是什么导致了婴儿乳头混淆

（1）婴儿吃奶不舒服，有过不愉快的吃奶经历。

（2）奶瓶奶具使用频繁、不合理（方式，过早、速度）。

（3）婴儿不会含乳，吃不到奶，导致拉扯抗拒。

（4）新妈妈乳房堵塞，没有奶阵或者奶流速度慢。

114. 乳头混淆怎么解决

纠正乳头混淆的方案有：

（1）亲喂时控制乳汁量。乳汁量很多，奶阵来的时候乳汁的流速过快，导致婴儿呛咳，新妈妈可适当排出一个奶阵，不至于使乳汁流速太急。新妈妈还可以通过适当憋乳，不要产奶过多。

（2）为纠正乳头混淆，喂养期间需要停止使用奶瓶和奶嘴。乳旁加奶，注射器、滴管、杯子、勺子都是可以的。虽然喂食的时间相对于奶瓶会长一些，没有奶瓶方便，但是这些喂食的方式是比较适合在纠正乳头混淆期间使用的。不管是注射器还是勺子，都不是直接把乳汁给婴儿灌进去，而是让婴儿舔舐，舔舐的时候需要婴儿把舌头伸出来，因为亲喂的时候也是需要婴儿把舌头伸出来，裹住大部分的乳晕，所以这些喂食的方式就是非常好的练习。

（3）喂奶时机。新妈妈尝试在婴儿困了、心情好的时候哺乳，反复尝试亲喂和肌肤接触。肌肤接触可以给婴儿安全感，让婴儿乐于接受。当婴儿哭闹的时候，不强迫婴儿多吃奶。反复尝试刺激奶阵——亲喂婴儿，这样不少于 3 次。

（4）纠正乳头混淆的时机。乳头混淆越早纠正越容易，婴儿越小越容易适应，超过 4 个月的婴儿纠正起来就比较困难，因为其行为模式比较难改变，混淆的时间越长，也越难纠正，理论上是混淆了多长时间就要用多长时间来纠正。比如说混淆了一个月，那么就需要一个月来纠正。

（5）对于混合喂养的婴儿，新妈妈在瓶喂时，采取卡辛瓶喂法（也叫控速瓶喂法）。此方法模拟新妈妈亲喂时候的状态，有奶阵的时候快一点，没有奶阵的时候慢一点，婴儿能歇一会儿。具体做法就是，婴儿抱姿呈 80° 左右，奶瓶位置不要抬高，与婴儿面部保持 30° 左右，吃一会儿压低一会儿奶瓶，但是奶嘴始终充满乳汁就可以。这种喂养方式是最接近于母乳亲喂的喂养方式。

（6）纠正乳头混淆过程中的注意事项。乳头混淆其实不难纠正，只要方案是对的，婴儿就会回归到新妈妈的乳房上，吃奶只是时间的问题，因为这是婴儿的本能。但是相对来说，纠正乳头混淆需要一个过程，而且需要多方配合。

115. 纠正含乳问题或者乳头混淆的压舌训练方法是什么

（1）婴儿不会把舌头往两边卷起来，也不会用舌头裹乳头或者是用舌头顶乳头，甚至还有不会把舌头往外伸的婴儿，可以采用压舌训练解决含乳的问题。压舌训练不是字面上的压舌头，它通过刺激上颚，引发婴儿自主抬舌和吸吮的动作，以及把手指抽出来的时候引发婴儿的舌头往外伸。压舌训练可用于解决含乳问题或者是乳头混淆的问题。

（2）拇指法，适用于小月龄婴儿，洗净手指，轻压舌头，训练舌头往两边卷起来。

（3）如果婴儿不张大嘴巴，在婴儿含乳的时候，养育者张大自己的嘴巴，发出“啊”的声音，婴儿会模仿大人张大嘴巴。这个大月龄婴儿比较适用。

（4）可以把奶瓶夹在新妈妈的腋下，给婴儿吃几口奶瓶，然后平移到乳房上吃母乳。如果婴儿不愿意吃了，平移到奶瓶上，再吃几口奶瓶，然后再平移回来吃母乳。这个方法需要有人给新妈妈帮忙，适用于小月龄的婴儿。

（5）如果婴儿偏好某一侧的乳房，可以改变一下哺乳姿势，把婴儿夹在腋下，让婴儿产生错觉，让他以为他在吃喜欢的那一侧，适用于小月龄的婴儿。

116. 婴儿拉扯乳头的原因和应对的方式有哪些

婴儿拉扯乳头的原因和应对的方式：

（1）婴儿含乳姿势不正确，不能很好地吃到乳汁；婴儿烦躁，拉扯乳头。这种情况要及时调整含乳。

（2）乳汁流速过快或者过慢。新妈妈乳汁量多，流速过快，婴儿来不及吃，或者新妈妈乳汁量不够，流速过慢，婴儿不满足。在喂奶的时候，新妈妈可以根据乳汁量和流速，用手指轻轻地夹住乳晕，让乳汁的流速减慢，或者通过手挤奶，让乳汁的流速加快。

（3）婴儿已经吃饱了。婴儿拒绝继续哺乳可能会顶住乳头或者拉扯乳头，新妈妈可以观察婴儿是否已经吃饱，及时移开乳头。

（4）婴儿长牙期。4~6 个月是很多婴儿的出牙期，婴儿会感到不舒服、烦躁，在喂奶前给婴儿用牙胶来缓解出牙的不适。

（5）婴儿以为拉扯乳头是在跟妈妈玩耍。轻轻地捏住婴儿的鼻子，或者把婴儿往乳房上拉，婴儿要呼吸就得松口，不要强行把乳头拉出来，强行拉扯可能会损伤得更加严重。新妈妈要认真地告诉婴儿这样做是不可以的，多讲几次，婴儿就能理解捏鼻子和拉他的动作意味着什么，新妈妈不要太过用力，以免吓到婴儿，导致婴儿拒绝吃奶。因此养育者要观察婴儿的表现，结合不同月龄婴儿的发育特点来判断到底是哪一种情况，同时教会新妈妈修复乳头损伤。

为了不影响事业，同时还要保障婴儿有绿色安全的食物来源，越来越多的新妈妈选择背奶。新妈妈通过把专业的吸奶、储奶器具带到单位，利用工作间隙完成吸奶、冷藏、保存等一系列流程，给婴儿储备“口粮”。

117. 背奶的必备工具有哪些

最好准备一个双边电动的吸奶器。

（1）储奶袋或者是密封储奶瓶，二选一就可以了。

（2）吸奶器清洗时需要用到的工具，比如说收纳盒，清洗剂，棉柔巾、纸巾。

（3）1 个小型或者是微型的吸奶器消毒烘干柜，简易版的就可以，准备个沥水架。

（4）1 个哺乳巾。

（5）1 个便携式的冷藏包和冰袋。

（6）下载新妈妈喜欢听的音乐和爱吃的零食，吸奶器可以准备免手扶的，既隐秘又方便，吸奶的时候衣服一盖完全看不出来，非常美观，而且声音也很小。而且它是真正地解放双手，吸奶的同时新妈妈伏案工作完全没有问题。以上准备的这些东西，除了乳汁和装乳汁的冷藏包以外，所有的东西都可以放在办公室，下班就从冷藏室拿出存储的乳汁和冷藏包，非常方便。

118. 如何应对上班后的背奶问题

上班后不仅奶阵来得慢，连乳汁量也越来越少了。职场妈妈一定要记住，只有提前做好准备，上班后乳汁量才能稳定不下降。

（1）提前磨合。上班后吸不出来乳汁的情况特别常见，新妈妈在家都是亲喂，不怎么用吸奶器。吸奶器跟婴儿一样，都是磨合好了以后才能顺利使用。所以建议新妈妈上班前两周开始使用吸奶器，一个是吸奶时间选择在晚上睡觉之前，既不耽误新妈妈休息，乳房也有足够的时间产奶。另一个是吸奶方法选择最大舒适负压，并配合吸奶与刺激交替进行。刚开始吸不出来多少是非常正常的，不要太焦虑。吸奶器吸出的奶量不等于实际生产的乳汁量。

（2）规划时间。上班后总是感觉乳房胀了才去吸奶，长此以往乳汁量真的会下降，所以一定要规划好吸奶时间。白天上班时间吸奶不少于 3 次。

（3）保持亲喂。保持亲喂这点非常关键，很多新妈妈下班到家，婴儿不是刚吃完辅食，就是刚吃完奶，那么大脑接收到的产奶信号就会逐渐减少，这是很多职场妈妈乳汁量下降的重要原因。所以要跟婴儿的看护人提前沟通好，哪怕是新妈妈突然加班儿回来晚了，新妈妈到家前也给婴儿少吃点东西，这样保证婴儿还能继续吃奶。

（4）放松心情。新妈妈在公司找到一个能让自己放松下来的吸奶环境，紧张的情绪对泌乳不友好，吸出来的乳汁量也会越来越少，尽可能避开工作的高峰时段，提前去吸奶，在吸奶前喝一杯温开水，准备好免手扶胸衣和自己喜欢的音乐，放松地吸奶，乳汁量自然会充足。

119. 挤出的母乳如何储存

母乳在不同条件下的储存时间遵循“3 小时、3 天、3 个月”的原则，具体细节如下：

（1）室温（16~29℃），一般可以保存 3~4 小时。如果室温较低（低于 16℃），及时保存的话可以适当延长保存时间至 6~8 小时。在室温下，婴儿喝剩下的奶放置超过 1~2 小时，应丢弃，不宜再冷藏或复热喂给婴儿。

（2）冷藏室（温度建议≤4℃），最多存放 3 天。建议在 24~48 小时内食用完。储存时间越短，母乳中的抗体和营养成分保留得越好。

（3）冷冻室（−18℃以下），独立门冷冻室（单门冰箱的冷冻格）一般建议保存 2 周。独立冷冻室（双门冰箱），可以保存 3~6 个月。深度冷冻（−18℃以下），最长可存放 12 个月。冷冻时间越长，母乳解冻后腥味越大，口感不好。

附件一

哺育用品都有哪些？哺育用品有必要吗？什么样的哺育用品是适合自己的？新妈妈需要准备什么？如何结合自己的情况进行选择？下面罗列了数十种哺育用品，详细介绍了相关作用和特点。这是本节重点讲述的问题。

1. 如何选择奶瓶、奶嘴

奶瓶的材质有塑料、硅胶、玻璃，都是安全的，新妈妈根据不同材质的轻重、清洁难易程度、抗摔抗高温等因素自行选择。奶瓶的形状也有很多种，不管是什么形状，对婴儿没有什么影响，根据新妈妈自己的喜好和感受来选择。

奶嘴常见的材质有硅胶和乳胶，硅胶是透明的，没有味道，有点硬；乳胶是黄色的，有一点味道，比较软。看婴儿偏向于哪一种。奶嘴的形状有直筒的，仿乳头形状的，还有带螺纹的，现在还有偏心奶嘴，模仿偏心含乳。奶嘴的开孔有圆孔、十字孔、一字孔、Y 字孔，圆孔还分大小和多个孔，十字孔的流速比较快，也可以喂辅食，Y 字孔也是一样的，一字孔也是。哪些奶嘴适用于喂辅食，理论上不需要按照商家的建议，可根据婴儿的实际需求挑选。理论上像新妈妈的乳头并不会随着婴儿的月龄而变大一样，吃配方奶的婴儿也不需要更换更大号的奶嘴。当然，养育者如果坚持给婴儿换了更大号的奶嘴，很多婴儿一般也都能适应，也有一些婴儿不适应，一吃奶就哭闹抗拒。如果婴儿吃上一口就把奶嘴吸扁了，那么这种情况就需要给婴儿换大一号的奶嘴。所以换不换奶嘴不是看月龄，主要还是看婴儿的需求。

2. 如何选择储奶瓶

储奶瓶的材质跟奶瓶是一样的，储奶瓶通常用于母乳冷藏，可以反复使用，可以连接吸奶器和奶嘴，经常用于新妈妈背奶，建议购买 2 组。例如，喂一次奶用 3 个瓶，那么就准备 6 个瓶，根据个人的情况选择安全的材料，根据婴儿一次的吃奶量来选择储奶瓶的大小，避免把奶倒来倒去的，造成二次污染。

3. 如何选择储奶袋

储奶袋经常用于母乳冷冻，一次性使用，如果冷冻的话建议平放，方便解冻。冻奶主要是备用的，不需要大量储存。根据婴儿一次的吃奶量选择储奶袋的大小，储奶的时候需要排掉空气，建议选择避免二次污染的款式，比如两头都可以撕的，在外面贴上标签，标注好挤奶日期。

4. 如何挑选背奶包

用于新妈妈背奶，根据单位是否有冰箱、下班到家的时间来决定购买背奶包的厚度以及使用冰块的数量。

5. 如何挑选温奶器

温奶器用来给母乳解冻，保持奶水的恒温，37~42℃温奶，不建议母乳长时间放在温奶器里面保温，会损失营养。

6. 如何选择手挤奶漏斗

在排空乳房方面，手挤奶是优于吸奶器的。手挤奶可以移出乳根部的乳汁，在母婴分离无法直接哺乳、催奶的时候，需要维持或者增加乳汁量，通常需要排空乳房，手挤奶是非常有必要的。手挤奶做得好，效率也是很高的。手挤奶可以配上一个辅具手挤奶漏斗，手挤奶漏斗能收集更多的乳汁，前面有一个曲线设计，方便新妈妈把手放在这里挤奶，有需要的时候还可以承托乳房，标准口径就可以连接市面上大多数的奶瓶和储奶袋。

7. 如何选择小喂杯、勺子和注射器

小喂杯、勺子和注射器用于给吸吮力不足的早产儿和病儿，或者是其他因母乳摄入不足需要补充喂养的婴儿补充喂养。这些辅助补充喂养工具相对于奶瓶来说不容易造成乳头混淆，但也不是绝对的。有时候用勺子的婴儿乳头混淆起来比用奶瓶的更严重。这些补充喂养工具需要在婴儿清醒的时候用，让婴儿自己嘬，6 月龄以后可以选用鸭嘴杯。

8. 乳旁加奶是怎么操作的

乳旁加奶器由一个瓶子和一个喂食管组成，喂食管的一头与奶瓶相连，另一头贴着新妈妈的乳头，婴儿在吃奶的时候同时含住新妈妈的乳头和喂食管。婴儿含乳不佳或者是新妈妈母乳不足，需要补充喂养，这种操作相比奶瓶喂养不容易导致乳头混淆，同时也能刺激到新妈妈的乳头，锻炼婴儿的吸吮能力。乳旁加奶需要经过专业人士评估才能使用，不建议长期使用，问题解决了要及时撤掉。

乳旁加奶器的使用注意事项：第一，把管子贴在新妈妈的乳头上方，管子比乳头长 2~3mm，因为新妈妈的乳头有延展性，婴儿吸吮的时候乳头会被拉长。第二，使用前要按压瓶嘴，等空

气排出，管子里面充满乳汁后再喂。管子从婴儿的嘴角进入，和乳头、乳晕一并含入。第三，通过卡住和放开软管来控制流量。新妈妈奶阵没来的时候，放开管子，让婴儿吃到管子里面的奶。当新妈妈奶阵来的时候，把管子卡住，让婴儿吃新妈妈的奶。第四，通过调节瓶子高度来控制流速，高举瓶子时流速加快，放低时，瓶子流速减慢。

9. 如何挑选哺乳文胸

新妈妈哺乳期一定要穿戴文胸，虽然哺乳期乳房多少会下垂，但是穿哺乳文胸可以在一定程度上减轻乳房下垂，同时还可以缓解乳汁淤积的问题。所以一定要穿，总之就是根据需求来选择。哺乳文胸方便哺乳，有上掀式、侧开式、双层式和交叉式哺乳开口。

10. 乳房冷热两用敷垫的作用是什么

用于乳房热敷和冷敷，中间有一个孔，可以避开乳头、乳晕，在哺乳期使用得比较多。

11. 羊脂膏的作用是什么

羊脂膏用于补充流失的油脂，缓解疼痛，提供潮湿的伤口愈合环境，帮助乳头皲裂伤口愈合。日常保护薄涂，有伤口厚涂，避免被擦掉。纯羊脂膏呈金黄色，新妈妈涂抹后下次哺乳前无须擦洗。另外还比较多用于护唇膏、润唇膏的制作。

12. 如意金黄散的作用是什么

如意金黄散外敷于乳房体消肿消炎，针对乳房包块外敷消肿。但不可以频繁使用，频繁使用后会造成回奶。

13. 芒硝的作用是什么

芒硝外敷，用于乳房体消肿或者是顽固的淤积。

14. 通奶与回奶的食材有哪些

通奶的食材有路路通、通草、蒲公英颗粒、黄芪、王不留行。所有食补效果因人而异，即使严格根据体质辨证来，也没有确定性。

回奶的食材有韭菜、薄荷、熟麦芽、水、鼠尾草等，效果因人而异，没有确定性。仅供新妈妈参考用。

15. 防溢乳垫的选择

有一次性的防溢乳垫，也有可洗、可重复使用的防溢乳垫，一般选择亲肤透气的防溢乳垫，过敏人群需要注意选择防过敏的防溢乳垫。

16. 乳盾的作用

主要功能：

帮助婴儿含乳，尤其是当新妈妈乳头扁平、短小或内陷时；

哺乳时覆盖在乳头上，通过硅胶 / 橡胶材质模拟乳头形状，辅助婴儿吸吮。

使用场景：

哺乳过程中临时使用，需在医生或哺乳顾问指导下选择合适尺寸；

常见于解决婴儿含乳困难或乳头破损时的短期过渡。

潜在问题：

可能减少乳汁转移效率，长期使用可能导致乳汁量下降；

不当使用可能加重乳头损伤（如尺寸不符）。

17. 溢乳收集罩的作用

主要功能：

收集哺乳或溢乳时漏出的乳汁，避免浪费；

通常用于收集新妈妈单侧哺乳时另一侧乳房自然溢出的乳汁。

设计特点：

形状类似碗状，贴合乳房，边缘有防漏设计；

材质多为食品级硅胶或塑料，可直接接触乳汁；

部分产品可连接吸奶器，提高收集效率。

使用场景：

哺乳期女性在哺乳或吸奶时使用；

适合乳汁量较大、容易溢乳的新妈妈。

注意事项：

需定期清洗消毒，避免细菌污染；

不适合长时间佩戴，可能压迫乳房。

18. 乳头保护罩的作用

主要功能：

隔离外界刺激，如衣物摩擦、冷空气等，保护受伤或敏感的乳头；

部分产品设计为透气材质，帮助乳头愈合（如皲裂、擦伤后）。

使用场景：

非哺乳时段穿戴（如日常活动、哺乳间隔期）；

哺乳后覆盖乳头，避免与内衣直接接触引发疼痛。

常见类型：

硅胶护罩：贴合乳房，形成保护层；

一次性乳垫：吸收渗漏乳汁，防止潮湿刺激。

19. 哺乳枕的作用

哺乳枕可以支撑新妈妈的腰背部，也可以支撑婴儿，帮助新妈妈和婴儿实现多种哺乳姿势，还可以用于婴儿学趴、新妈妈护腰等。

20. 育儿背巾的作用

育儿背巾的好处是亲密育儿，轻松出行，移动哺乳式育儿背巾符合人体力学，新生儿脊柱的发育，髋关节的发育，不用担心对婴儿不好。育儿背巾分为有环背巾和无环背巾，无环背巾又分为长无环背巾和短无环背巾。有环背巾适合 0~3 岁，有一定的使用技巧，需要熟练了才可以上手，可以躺，可以坐。短无环背巾适合 0~2 岁，多用于新生儿肌肤接触，尤其推荐早产儿使用。长无环背巾适合 0~3 岁，上手比较方便，可以躺，可以坐，根据家长的身材选择尺码。

21. 安抚奶嘴的作用

安抚奶嘴常见的材质有硅胶、乳胶、纳米银。安抚奶嘴常用于早产儿、吸吮力低下的婴儿进行吸吮训练，帮助维持口部运动模式和接触反应，尽早过渡到经口喂养，回归乳房，降低早产儿疼痛，改善延迟吞咽，安抚高吸吮需求的婴儿。安抚奶嘴有一定的使用风险，像增加患中耳炎的概率、易造成乳头混淆。使用安抚奶嘴可能会让婴儿的胆囊收缩素水平升高，会让婴儿感觉到困倦，嗜睡，错过了喂奶，导致摄入不足，过度地满足吸吮需求会让婴儿产生已经吃过的错觉，导致亲喂时间缩短。还可能由于卫生问题引起真菌感染，可能由于咬合不正影响牙齿发育。因此，不建议未满月的婴儿使用安抚奶嘴，未养成良好的喂养习惯的婴儿也不建议使用，6个月以上的婴儿也不建议使用。

附件二

1. 手排奶方法

一手掌根承托乳房，复位。手臂贴近身体，肩膀放松，不要耸肩，食指与拇指呈 C 字形，食指与拇指的指腹、乳头三点一线朝胸腔的方向垂直下压对挤，下压朝着乳头的方向带动抬起，贴着皮肤回来。新妈妈需连贯做几遍，下压—抬起—回来。

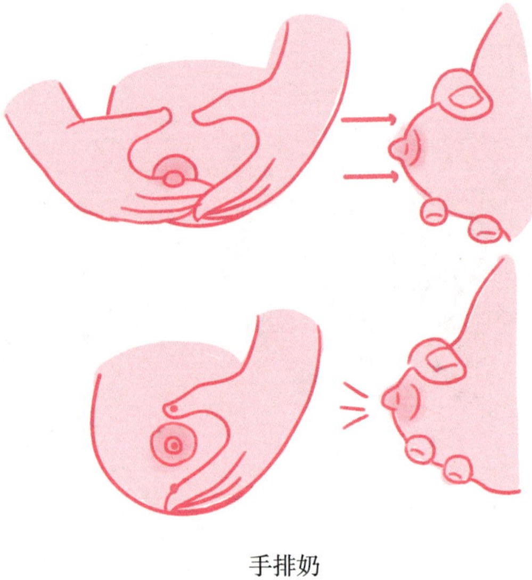

手排奶

2. 吸奶器方法

使用吸奶器是哺乳期新妈妈常见的操作，正确的使用方法可以提高吸奶效率，减少不适感。以下是吸奶器的详细使用步骤和注意事项。

一、使用前的准备

1. 清洁双手和吸奶器：

用肥皂和温水彻底清洁双手；按照说明书清洗吸奶器的所有可拆卸部件（如喇叭罩、阀门、奶瓶等），确保无残留乳汁或污垢。

2. 选择合适的喇叭罩：

喇叭罩尺寸应与乳头大小匹配，乳头应在罩内自由移动，避免摩擦或压迫乳晕。

3. 检查吸奶器状态：

确保吸奶器电源充足（电动款）或手动操作顺畅；检查所有连接部件是否安装正确，避免漏气。

二、吸奶步骤

1. 放松身心：

选择一个安静、舒适的环境，放松心情，有助于促进乳汁分泌；可以尝试热敷乳房或轻轻按摩，刺激泌乳反射。

2. 正确安装吸奶器：

将喇叭罩对准乳头，确保乳头位于中心位置；轻轻按压吸奶器，使其贴合乳房，避免漏气。

3. 开始吸奶：

电动吸奶器：启动吸奶器，从低吸力开始，逐渐调整到舒适且有效的吸力；选择“刺激模式”（快速轻吸）以启动泌乳反射，待乳汁流出后切换到“吸乳模式”（慢速深吸）。

手动吸奶器：用手按压手柄，模拟婴儿吸吮节奏，保持稳定频率。

4. 控制吸奶时间：

每侧乳房吸奶时间一般为 10~15 分钟，避免过度吸奶导致乳头疼痛；如果乳汁流量减少，可以短暂休息后继续。

5. 结束吸奶：

吸奶完成后，轻轻按下吸奶器边缘，释放负压，避免直接拉扯乳头；将吸出的乳汁倒入储奶瓶或储奶袋中，标注日期和时间。

三、使用后的清洁与储存

1. 清洁吸奶器：

立即拆卸所有接触乳汁的部件，用温水和中性洗涤剂清洗；使用专用消毒器或沸水消毒（至少 5 分钟），晾干后存放。

2. 储存乳汁：

室温：25℃以下可存放 4 小时；冷藏：4℃以下可存放 4 天；冷冻：–18℃以下可存放 6 个月（建议 3 个月内使用）。

3. 检查吸奶器状态：

定期检查吸奶器的吸力和密封性，及时更换老化或损坏的部件。

四、注意事项

1. 避免过度使用：

吸奶频率和时间应根据自身需求调整，避免过度吸奶导致乳房不适。

2. 选择合适的吸力：

吸力并非越大越好，应以舒适为主，避免乳头疼痛或损伤。

3. 保持卫生：

每次使用前后都要彻底清洁吸奶器，避免细菌污染乳汁。

4. 观察乳汁状态：

如果乳汁颜色、气味异常（如发黄、有异味），应停止使用并咨询医生。

5. 避免长时间吸奶：

单次吸奶时间不宜过长，避免乳头水肿或损伤。

五、常见问题及解决方法

1. 吸不出奶：

检查吸奶器安装是否正确；尝试热敷或按摩乳房，刺激泌乳反射。

2. 乳头疼痛：

检查喇叭罩尺寸是否合适；降低吸力，避免过度吸奶。

3. 乳汁量少：

增加吸奶频率，保持规律吸奶；多喝水，保持充足休息和营养。

六、总结

正确使用吸奶器可以提高吸奶效率，减少不适感。使用前确保清洁和安装正确，吸奶时注意吸力和时间，使用后及时清洁和储存乳汁。如有疑问或不适，建议咨询哺乳顾问或医生。

5. 开奶经络法

推经络手、足（三阴经、三阳经，方向不能错）各揉按 15 分钟，可以用掌刮法，也就是虎口处推刮，按照经络走向的方位。要是新妈妈受力也可以用刮痧板轻刮。

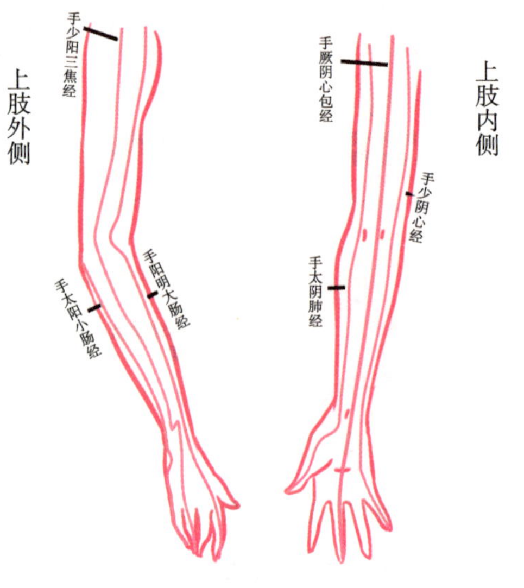

上肢经络

备注：手之三阴从胸走手，手之三阳从手走头。

最后重点刺激乳房穴位。

肺经：云门、中府

任脉：膻中

肾经：神封

脾经：天溪

心包经：天池

肝经：期门

胃经：气户、库房、屋翳、膺窗、乳中、乳根

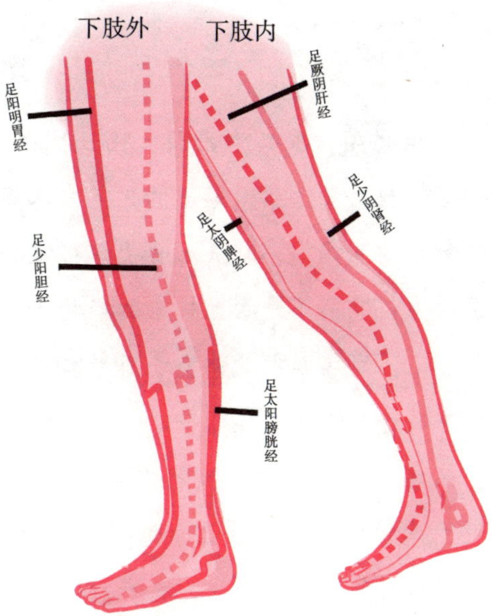

下肢经络

备注：足之三阴从足走胸，足之三阳从头走足。

后 记

搁笔之际，从事母婴行业二十余载，往日种种在心头翻涌。那些初为人母的喜悦与懵懂、康复路上的迷茫与疼痛、因知识匮乏而错失黄金恢复期的新妈妈，都成为我提笔书写产后康复系列这套书的最深沉动力。它们不是心血来潮的产物，而是凝结了无数个日夜的观察、上万真实案例的体会、思考与实践，是对产后女性在生命旅程中最恳切的回望与叮咛。

从业多年，目睹了太多令人扼腕的“误区”。多少母亲，在拥抱新生命的巨大幸福中，或是被“为母则刚”的光环所笼罩，或是迷失于信息爆炸时代的零散碎片，将产后康复视作可被轻易搁置的“小事”，甚至盲目追求速成偏方，在懵懂中透支了未来的健康资本。那些在壮年便如影随形的腰背顽疾、令人窘迫的盆底失守、难以言说的情绪低谷、形体的困扰以及母乳喂养的挫败感，其苦涩的种子，往往就深埋于产后这段本应被温柔以待、却被匆匆略过的特殊时期。

产后这短短数月的康复是女性身心重塑的黄金窗口，更是一场关乎未来数十年生命质量与状态的无声奠基。它绝非仅仅指向体重的数字或外在的容颜，其核心在于：唤醒女性对自我深层的认知与珍视——一种名为“自我关爱”的觉醒。只有当母亲们真正“懂”了身体在分娩后经历了怎样翻天覆地的变化，理解了科学恢复的机制与深远意义，“有效”的行动才成为可能。这份“懂”，是驱散焦虑的明灯，是科学决策的基石，更是送给未来自己的一份无价之宝——规避因产后康复缺位而在生命盛年过早降临的种种健康风险。

正是基于这份沉甸甸的紧迫感与使命感，我将纷繁复杂的产后康复知识，淬炼、梳理为三个相互依存、直指核心的维度，铸就这三本力求通俗易懂、照做好学、切实有效的实践指南，产后康复系列丛书字字句句，其宗旨凝练如一：唤醒并践行“自我关爱”，提供一条清晰、有效、可立即行动的康复路径。在信息碎片化甚至相互矛盾的时代，我坚定地摒弃了华而不实的噱头与零散的灌输。书中的每一个建议、每一套动作、每一则调养方，都力求“有效”与“指导”的完美结合。它们源于真实的临床实践与无数母亲的宝贵反馈。我深知产后康复期的每一分精力都弥足珍贵，容不得丝毫浪费在无效的尝试上。因此，内容力求直击要害，步骤清晰明确，让产后女性在辛劳与喜悦交织的日子里，也能轻松理解，即刻上手，真正成为产后女性康复路上坚实可靠的引路明灯。

产后康复系列丛书的出版对我而言，意义非凡，它将成为万千母亲踏上科学、关爱自我康复之路的崭新起点。我怀着最深的诚意祈盼，读者感受到的不仅是一份知识的传递，更是一份深切的懂得与支持，一份对女性成为母亲更作为独立个体的无上尊重，以及一份践行“自我关爱”的坚定承诺。

请所有的女性铭记：产后康复，绝非可有可无的锦上添花，而是女性对自身生命根基最智慧的投资，是女性在倾力滋养新生命的同时，对自己最深沉的回馈与保全。唯有女性真正健康、舒适、由内而外焕发光彩，才能以更饱满的爱与能量，拥抱母亲的角色，将生命的温暖与力量绵延传递。愿产后康复系列丛书化作一双温柔而有力的手，稳稳地陪伴您走过这段重塑与蜕变之旅，迎接一个更健康、更美丽、更强大的自己。前路或许仍有挑战，但请相信：懂得关爱自己的母亲，终将所向披靡。

谨以此书，献给每一位光芒万丈、值得世间一切温柔的母亲。

陈辰

2025 年 6 月

参考文献

1. Karen Wambach Beeky Spencer 编，高雪莲、孙瑜、张美华译:《母乳喂养与人类泌乳学》(第 6 版)，人民卫生出版社，2021 年。

2. 卢碧瑛著:《简明产科护理》(第 5 版)，人民军医出版社，2006 年。

3. 郑修霞主编:《妇产科护理学》(第 4 版)，人民卫生出版社，2006 年。

4. 费秀珍、王立新编:《新生儿护理技术》，人民军医出版社，2010 年。

5. 张廷模编著:《张廷模临床中药学讲稿》，人民卫生出版社，2010 年。